# Recado dos dias

Cláudia Laitano

Porto Alegre, 2024

Libretos

*"Tudo, aliás, é a ponta de um mistério. Inclusive, os fatos"*

Guimarães Rosa

Cláudia Laitano

# Estado crônico

Somos centenas, milhares talvez, espalhados por jornais, blogs, newsletters, sites, redes sociais. Todos escrevendo com alguma periodicidade textos que derivam daquilo que um dia foi chamado de crônica – gênero literário em que o autor está livre para divagar, dar opinião, narrar histórias pessoais, lamentar o estado geral das coisas, dar conselhos e até inventar.

Ao longo do século 20, o Brasil se apaixonou pela crônica, e o formato passou a ocupar espaço nobre nas primeiras (ou últimas) páginas dos veículos impressos. Não importava tanto se o cronista refletia sobre as guerras púnicas, purgava dores de cotovelo ou bradava contra o aumento do preço da gasolina. O estilo contava mais do que o conteúdo, e o talento para conversar com diferentes tipos de leitores, mais do que tudo. Quando Luis Fernando Verissimo, o último cronista capaz de realizar o pequeno milagre de agradar quase todos os leitores quase todos os dias, parou de escrever, em 2022, a crônica brasileira, em seu formato consagrado, já havia deixado de existir.

Vários fatores explicam o ocaso do gênero, mas o principal, salvo engano, foi a mudança radical no ecossistema da comunicação. Quando o jornalão de papel, berço da crônica, deixou de centralizar todas as conversas, perdeu um pouco o sentido a ideia de que era preciso aliviar a dureza do noticiário – hoje, para onde se olhe, abundam as opções de leituras leves, breves e customizadas pelo algoritmo. No país que já teve Machado, Clarice e Drummond escrevendo crônicas, mudou também o perfil dos cronistas. Em vez de estarem nos jornais, boa parte dos autores que despontaram na literatura brasileira nos anos 2000 ou 2010 tem suas próprias newsletters ou blogs. O aparente desinteresse da nova geração pela grande imprensa não deixa de ser correspondido: com orçamentos cada vez mais apertados, veículos tradicionais parecem menos dispostos a investir em literatura do que em especialistas e formadores de opinião.

Sem função ou espaço definidos, aquele tipo de crônica rubem-braguiana, século-vinteana, não deixou de existir, mas adaptou-se ao novo ambiente. Se o cronista diário que escrevia sobre quase todos os assuntos e era lido por quase todos os leitores se tornou uma espécie em extinção, a cronificação do cotidiano mantém-se em sua plataforma mais popular, as redes sociais, e também nos veículos tradicionais.

Surgem o cronista-coach, o cronista-humorista, o cronista de direita, o cronista de esquerda, o cronista-especialista, o cronista identitário, o cronista blasé... E mesmo quem escreve sobre todos os assuntos sabe que seus leitores pertencem a alguma espécie de nicho. O próprio Verissimo, durante anos algo muito próximo a uma unanimidade nacional, chegou a ser perseguido e xingado na rua por suas posições políticas, gesto que pareceria impensável antes do surgimento da versão brasileira da direita populista – outro divisor de águas e de leitores.

Em 2004, quando comecei a escrever uma coluna semanal no jornal *Zero Hora*, onde era editora da área de Cultura, nada disso estava muito claro ainda, mas eu já não me sentia muito à vontade ao ser apresentada como "cronista". O termo "colunista" sempre me pareceu mais confortável, mais neutro – e mais distante do modelo "crônica brasileira" com o qual eu tinha, e tenho, dificuldade para me identificar. Tanto na escolha dos assuntos (de preferência com algum aspecto noticioso) quanto na maneira de apresentar as ideias (apurando, checando informações e lutando internamente contra um pudor meio extemporâneo em relação aos textos em primeira pessoa) sou, na falta de melhor definição, uma cronista-jornalista.

Esta seleção de textos escritos entre 2013 e 2024 começa exatamente com as colunas que, de alguma forma, me parecem mais íntimas – até onde eu consigo ser íntima –, agrupadas sob o título "Primeira pessoa". Na seção "Cabeceira", estão os textos que falam sobre livros, filmes e músicas, terreno em que a ex-editora de Cultura sempre se sentiu mais à vontade. Já nas seções "Brasilianas", "O ano da peste" e "Nem presa nem morta", o leitor vai encontrar colunas que registram como foram recebidos, no calor da hora, o antes, o durante e o depois do governo Bolsonaro, o período da pandemia e as discussões mais recentes sobre a descriminalização do aborto. Uma abordagem, espero, nem tão objetiva que pareça jornalismo nem tão subjetiva que pareça fora do tempo.

Sim, eu sei. Os três últimos capítulos talvez contrariem a principal convenção de coletâneas desse tipo: evitar os temas que "envelhecem". A razão de eu ter escolhido justamente esses textos e esses assuntos está ligada à crônica (no sentido de relato histórico) que pode surgir de uma leitura distanciada – e à convicção de que a História também se constrói com as miudezas de um texto breve de jornal.

Meus contemporâneos talvez revivam algumas das sensações mais agudas dos primeiros 10 anos do resto das nossas vidas – das impressões iniciais em relação às manifestações de 2013 aos pedidos de intervenção militar de 2023. Para os leitores que ainda estão por vir, fica este recado sobre dias de espanto, agonia e resiliência, com votos sinceros de que as farsas não se repitam como História.

*15*
# Primeira pessoa


17 Metamorfose ambulante
19 Os otimistas
21 A turma e a rede
23 Liberdade, liberdade
25 O sábio e o bobo
27 Releituras
29 Tornar-se adulto
31 A alma e o espelho
33 Poliamores
35 Passageiros
37 Tolstói na praça
39 Deu pra ti
41 Inútil paisagem
43 Correnteza
45 Senta lá, Cláudia

*47*

# Cabeceira


49 Nove minutos
51 Seu polícia
53 A rainha e as manicures
55 Mosh
57 Meninas do Brasil
59 Roda-viva
61 Errantes navegantes
63 O estrangeiro
65 Cenas dos últimos capítulos
67 Os anos
69 O trabalho
71 Constelação
73 Viver
75 K.
77 Vanguarda e retaguarda
79 Blau e Swann

*81*
Brasilianas

83 2013
85 Onde está Amarildo?
87 Apesar de você
89 O Piauí é ali
91 O nosso 11 de setembro
93 O ocaso da confiança
95 Freud e os caminhoneiros
97 Medo e raiva
99 Nós contra eles
101 Vulgo
103 O rei desvairado
105 Memórias do tempo das milícias
107 Histórias que nossas avós não contavam
109 Uma universidade da cor do seu país
111 Espírito rixoso
113 A coroa oca
115 Profundas trevas
117 O abusador compulsivo
119 O homem que odiava crianças
121 Discutindo com zumbis
123 Se beber, não eleja
125 O escoteiro e o soldado
127 Pactários
129 O homem que odiava mulheres
131 Sinais luminosos
133 Cegueira seletiva

*135*
O ano da peste

137 Uma mão lava a outra
139 Agora, agora e mais agora
141 A construção da ignorância
143 Erros médicos
145 Aliança
147 História nacional da infâmia
149 Antivax não praticante
151 Cotovelos
153 Felicidade é
155 O desinformante
157 Tenda dos milagres
159 A primavera do abraço
161 Efervescência coletiva

*163*
Nem presa nem morta

165 Ainda não é hora
167 A cada um a própria crença
169 *Sí, se puede*
171 A menina no porta-malas
173 *Hermanas*
175 Retrocesso
177 A Rosa que fala
179 Bucha de canhão

# Primeira pessoa

# Metamorfose ambulante

Copiadas com hidrocor e coladas com durex na parede do meu quarto, entre cartazes e recortes de revista, duas frases anunciavam minhas afinidades eletivas a eventuais visitantes e invasores – mais ou menos como posts em um Instagram de concreto, com as vantagens e desvantagens do alcance restrito. Uma delas era de Caetano Veloso: "De perto ninguém é normal" (*Vaca profana*, 1984). A outra era de Raul Seixas: "Eu prefiro ser essa metamorfose ambulante do que ter aquela velha opinião formada sobre tudo" (*Metamorfose ambulante*, de 1973).

O durex perdeu a cola, eu cresci, saí de casa e, puff!, quase 40 anos se passaram. Em melhor forma do que boa parte das minhas paixões de adolescência, aqueles dois versos conseguiram resistir bem ao teste do tempo. A constatação singela de que "de perto ninguém é normal" me ocorre cada vez com mais frequência agora que a noção de "perto" ganhou novas dimensões. (Hoje estamos todos lendo as frases escritas nas paredes dos quartos uns dos outros – o que pode ser motivo de satisfação, mas também de raiva, decepção e susto.)

O grande desafio, para alguém da minha idade, talvez seja continuar acreditando em Raul Seixas. Aos 15, "dizer agora o oposto do que eu disse antes" sugere um pensamento ganhando músculos. Depois dos 50, pode ser sinal tanto de inquietação quanto de inconsistência intelectual. Raul Seixas não chegou lá ("Se hoje eu sou estrela, amanhã já se apagou"). Caetano, ainda bem, envelheceu e continua testando as dores e delícias das metamorfoses. Experimentou estilos, errou, acertou, deu opinião, voltou atrás, avançou. Tudo isso em praça pública, sem se poupar e sem perder a relevância como artista (sua live do dia 7 de agosto bateu recorde de audiência no formato).

Em uma entrevista recente ao jornalista Pedro Bial, Caetano contou que um autor o fez mudar de ideia sobre um determinado assunto. Você pode concordar ou não com suas opiniões, mas isso não tem tanta importância. O que é espetacular – e ainda comove aquela menina que recortava frases para fazer girar o mundo mais rápido dentro do seu quarto – é ver alguém, aos 78 anos, admitir que mudou de ideia depois de ler um livro. Um livro.

Pra fora e acima da manada, Caetano Veloso continua em movimento.

5 de outubro de 2020

# Os otimistas

A questão era séria, como costumam ser todas as questões discutidas em volta de uma mesa de bar que permanecem conosco não apenas no dia seguinte, mas décadas mais tarde: o mundo estava ficando melhor ou pior?

Um tanto por temperamento, outro tanto pela sorte de, aos 17 anos, não ter qualquer motivo concreto para encarar o futuro com desconfiança, aderi imediatamente ao time dos otimistas da mesa. Claro que o mundo estava melhorando. Talvez não fosse tão evidente então, no miudinho do dia a dia (Porto Alegre, nos anos 1980, não era exatamente Shangrila), mas olhando para trás, com distanciamento e objetividade, os sinais de evolução estavam por todos os lados. Ou assim me parecia.

Pra começar, a maioria de nós vivia melhor do que seus pais e avós tinham vivido – e muito melhor do que antepassados mais distantes. Dificilmente veríamos algo parecido com as duas grandes guerras do século 20, por exemplo, porque aquilo tudo havia sido tão insensato que era pouco provável que os mesmos erros voltassem a ser cometidos. Escravidão, Inquisição, mulheres trancadas em casa, crianças cobertas de fuligem trabalhando 12 horas por dia, tudo isso tinha ficado para trás, junto com a baixa expectativa de vida e a alta mortalidade infantil – pelo menos em boa parte do planeta. Ainda havia muitos problemas para resolver (éramos otimistas, não cegos), mas tudo indicava que era mais seguro estar vivo na nossa época do que em qualquer outro período da História.

De tempos em tempos, volto àquela discussão no bar da faculdade e me pergunto se ainda defenderia uma visão otimista e linear da História diante dos meus colegas apocalípticos. Sim, entre dois cenários possíveis, ainda me inclino a acreditar no menos pior. É da minha natureza. Também continuo achando que o passado é um lugar para onde eu não gostaria de voltar e que nascer mulher antes de 1900 era uma grande rasteira do destino, mas já não tenho tanta certeza de que os erros não se repetem ou de que é impossível, em determinados aspectos, retroceder miseravelmente.

Quando conquistas do passado que pareciam inquestionáveis, como as vacinas, são ameaçadas por ideologia, ingenuidade ou desinformação arrogante e irresponsável, a otimista categórica que eu fui (sou?) suspira e sai da sala, abatida.

7 de setembro de 2020

# A TURMA E A REDE

Um dos maiores lugares-comuns a respeito da vida digital é o de que todo mundo consegue encontrar sua turma na internet. Nada mais falso. É verdade que a tecnologia ajuda pessoas que compartilham os mesmos gostos e interesses a se aproximarem e trocarem figurinhas, mas um coletivo de indivíduos com afinidades e objetivos comuns não constitui necessariamente uma turma – esse conjunto de extensão limitada em que cada um dos integrantes se reconhece e é reconhecido como único e insubstituível. Viver em rede é uma opção, um estilo de vida, dividir momentos de alegria e tristeza com uma turma (ou mais de uma) ao longo dos anos é um privilégio.

Ninguém faz *networking* para trocar confidências ou relembrar as mesmas anedotas antigas que todo mundo, por algum motivo, continua achando engraçadas. A rede é pragmática, utilitária, guiada por interesses. Um sujeito que você mal conhece anota o seu telefone e pá: lá está você, enredado a um grupo de pessoas no WhatsApp que pode ser tudo, menos uma turma com a qual você gostaria de dividir uma casa em Santa Catarina durante o Carnaval.

Uma turma tem histórias, repertórios, referências e ritmos próprios. Qualquer um que já tentou se enturmar sabe que a dinâmica de aceitação de um membro novo em um grupo é complexa. O novato passa por um período de aclimatação antes de ser aceito – e, às vezes, mesmo estando por perto, nunca é verdadeiramente integrado. Quanto mais unida a turma, mais chances de surgirem satélites em sua órbita. Como músicos de apoio acompanhando uma banda famosa durante uma turnê.

Para encontrar, entre tantas, aquela que é a sua turma, é preciso ter a sorte de cruzar com as pessoas certas quando se está disponível para esse tipo de convívio intenso e prolongado. Quanto mais cedo, melhor, mas nunca é tarde para topar com amigos ou colegas que dão liga, mesmo quando têm pouco ou nada em comum. Algumas das minhas melhores experiências de turma surgiram do encontro de indivíduos com temperamentos e origens diferentes que compartilhavam pouca coisa além do prazer de estarem juntos.

Uma turma é como um grande amor: pode durar a vida toda, mas se você não cuidar, vira rede.

28 de fevereiro de 2022

# Liberdade, liberdade

Durante os últimos 60 dias, vivi uma versão pocket da fantasia de não ter nenhum compromisso a não ser aqueles que eu inventava. Foram 60 dias de férias prolongadas acordando todas as manhãs sem saber exatamente o que eu faria nas próximas horas e sem precisar convencer ninguém de que a minha ideia para o dia (quando eu tinha uma ideia para o dia) poderia ser condecorada com a medalha de ouro de uso racional e produtivo das horas de lazer.

Contando assim, parece o paraíso, mas a liberdade tem seu custo. Não estamos acostumados à overdose de microdecisões que a ausência de compromissos nos impõe. Trabalho, estudo e as múltiplas tarefas diárias de manutenção da casa e da própria vida reduzem a um intervalo mínimo de horas – minutos – o tempo de que dispomos para fazer exatamente o que queremos. Não é à toa que tanta gente fica sem chão quando não está trabalhando. O bufê livre de tempo exige reflexão constante e autoconhecimento. Liberdade dá trabalho.

Uma das minhas companhias literárias nesse intervalo sabático fora do país foi, por coincidência, um livro que convida o leitor a pensar sobre o que anda fazendo com a própria liberdade. Não aquela com data marcada para começar e terminar, como as férias ou os finais de semana, mas com a que nasce com todos nós, humanos – os únicos habitantes deste planeta capazes de transcender as próprias circunstâncias a partir de escolhas individuais.

Lançado no início deste ano pela escritora britânica Sarah Bakewell (autora do excelente ensaio biográfico *Como viver*, sobre Montaigne), o livro *No café existencialista* narra a história do movimento – das primeiras conversas entre amigos sobre a "filosofia da vida real", nos anos 1930, à explosão de popularidade de uma das correntes de pensamento mais influentes e vibrantes do século 20.

Se tudo o que Sartre, Beauvoir, Camus, Merleau-Ponty e o resto da turma escreveram (e viveram) pudesse ser resumido a uma única formulação seria mais ou menos a seguinte: a vida que vale a pena ser vivida é aquela em que examinamos, todos os dias, as escolhas que fazemos, tomando responsabilidade por elas e não culpando ninguém, a não ser nós mesmos, pelo que somos ou deixamos de ser. Em vez de andar à deriva, repetindo a trilha alheia ou culpando as circunstâncias por todos os nossos males, contemplar a própria vida como Rodin encarava um bloco de pedra: apenas matéria bruta esperando para ser moldada pelo esforço do escultor.

10 de junho de 2016

# O SÁBIO E O BOBO

"Não devias ter envelhecido antes de ficares sábio", diz o Bobo ao velho, porém bobalhão, Lear. Shakespeare, que mal havia chegado aos 40 quando escreveu *Rei Lear*, morreu antes de ficar velho (aos 52), mas já havia percebido que há basicamente dois jeitos de envelhecer: piorando ou melhorando.

Quanto mais envelheço, mais penso e me inquieto com isso – por motivos óbvios. Na vizinhança dos 50, não é preciso ser (ou ler) Shakespeare para conhecer uma variedade respeitável de tipos humanos. Amigos de infância ou da primeira juventude, parentes e mesmo celebridades com as quais a gente parece ter convivido desde sempre envelhecem diante dos nossos olhos, muitas vezes de forma surpreendente.

O garoto brincalhão que era o piadista da turma pode virar o mal-humorado do grupo. A menina que não saía de casa sem maquiagem se transforma na velha dos gatos. O executivo estressado se muda para o Interior e vira guru da vida alternativa. Uns vão ficando amargos, tristes ou apáticos com a passagem do tempo, outros tornam-se joviais, calorosos, otimistas. E nem sempre somos capazes de prever, pela juventude que tiveram, quem será sábio como o Bobo ou bobo como o Lear.

Algumas mudanças são lentas, outras abruptas, e a diferença entre piorar e melhorar é obviamente subjetiva e depende dos significados que escolhemos emprestar para o termo sabedoria. Para isso, também nos vale uma lição de Shakespeare. Lear nos ensina que a vaidade excessiva torna o homem velho patético. Porque não há nada mais triste do que envelhecer agindo da mesma forma que um menino de dois anos, convencido de que o dia anoitece para que ele durma e o sol nasce para que ele possa brincar na rua. Sábio é quem aprende todos os dias a ser um pouco menos autocentrado, porque esse é o aprendizado mais difícil de todos – e pode demorar uma vida e meia.

2 de janeiro de 2016

# Releituras

Houve um tempo em que eu considerava perda de tempo assistir ao mesmo filme duas vezes (a menos, é claro, que não tivesse entendido nada) ou voltar a um livro já lido para apreciar com mais calma as sutilezas que um leitor afoito às vezes deixa escapar. Minha abordagem em relação ao consumo de livros e filmes era no estilo "bufê livre": quantidade e variedade a serviço do apetite.

Eis que no meio do caminho desta vida (ou um pouco além do meio, para ser honesta), comecei a reler livros e rever filmes com mais frequência do que antes. Não que eu tenha desistido de explorar novidades no cardápio de opções quase infinitas à disposição dos interessados. Às vezes, só artistas que estão criando neste exato momento nos ajudam a entender o que a gente anda sentindo e pensando. Continuem trabalhando, por favor.

O negócio é que na proporção em que o futuro encolhe, a nostalgia costuma se espichar. Sentimos saudade não apenas de pessoas, lugares e circunstâncias, mas de nós mesmos e das nossas emoções mais intensas. Quando boa parte dessas emoções está ligada a experiências estéticas marcantes, é natural querer voltar a elas como quem entra em uma máquina do tempo em busca do êxtase perdido.

O que procuramos, em essência, é irrecuperável. Não somos mais as mesmas pessoas. Às vezes nem sequer somos capazes de reconhecer com muita clareza aquilo que nos impressionou tanto da primeira vez. Crescemos além daquela narrativa e, por algum motivo, ela deixou de fazer sentido para nós: a comédia perdeu a graça, o melodrama tornou-se piegas e a canção de amor cheia de significados era de vidro e se quebrou. Acontece.

Mas, em alguns casos, a releitura se torna um prazer completamente novo: no lugar da repetição de uma sensação, encontramos outra, melhor, mais completa, mais intensa. Acredito que a distância percorrida entre a primeira leitura e a atual tem menos a ver com a obra em si do que com o caminho que nós mesmos percorremos. Não é mais uma máquina do tempo que nos transporta, mas um mapa que nos situa.

21 de junho de 2021

# Tornar-se adulto

Não sei se a experiência é muito comum, mas lembro exatamente o momento em que me dei conta de que eu já era uma mulher adulta. Lembro inclusive do lugar em que o pensamento me ocorreu. Estava caminhando na Osvaldo Aranha, perto da Reitoria da UFRGS, em um dia de semana em nada excepcional, quando fui tomada pelo sentimento súbito da maturidade.

Aos 24 anos, eu morava sozinha, trabalhava e até já havia vivido fora do país, mas ainda me sentia como uma espécie de estagiária no mundo dos adultos. Como se os mais velhos tivessem acesso a algum tipo de sabedoria secreta que eu apenas intuía, mas não dominava. Até o dia em que, por algum motivo, entendi que aquela sensação de não estar pronta importava menos do que a liberdade para fazer escolhas e tomar decisões. Já era adulta, só não tinha me dado conta.

Para muitas pessoas, a vida adulta começa bem antes dos 24. A maturidade precoce pode estar ligada a responsabilidades assumidas desde cedo (trabalhar, cuidar dos irmãos, tomar conta de uma pessoa doente ou de um filho) ou a diferentes tipos de sofrimento que acabam abreviando o período da infância e da adolescência. O contrário também existe: o excesso de proteção, aquilo que os americanos chamam de "paternidade helicóptero" (pais e mães que costumam pairar sobre os filhos, tentando evitar que sofram qualquer tipo de dor ou frustração), pode levar a uma adolescência que se estende indefinidamente.

Há também um componente geracional para ser levado em conta. Na geração da minha mãe, uma mulher de 24 anos era uma senhora casada, talvez indo para o segundo filho. Nessa idade, minha vontade de ser mãe era nenhuma.

Quando finalmente decidi ter um filho, um lado de mim ainda se abismava com a perspectiva de ser responsável pela vida de outro ser humano. A sensação de que eu não era madura o suficiente para ser mãe me ocorreu várias vezes nos primeiros anos – principalmente quando observava a naturalidade com que as avós da minha filha desempenhavam tarefas que me pareciam tudo, menos naturais.

Com o tempo, a gente percebe que a maturidade para ser mãe é como todas as outras: um trabalho em progresso. Ao contrário do que eu acreditava aos 24 anos, adultos nunca ficam totalmente prontos. Todos os dias, até o fim dos tempos, nos sentimos um pouco crianças, um pouco adolescentes, um pouco velhos. E essa é a beleza da coisa toda. Hoje, por exemplo, minha filha está completando 24 anos e eu estou aqui me perguntando, com algum atraso talvez, se já tenho maturidade suficiente para ser mãe de uma mulher adulta.

1º de agosto de 2022

# A ALMA E O ESPELHO

Quando selfie foi escolhida a palavra do ano, em 2013, a ideia de tirar uma foto de mim mesma nunca havia me ocorrido antes. Sorrir para um celular erguido no ar pelo meu próprio braço ou fazer pose na frente de um espelho ainda me parecia um troço esquisito, para dizer o mínimo. Dez anos mais tarde, ninguém vai ficar surpreso se eu contar que tenho mais retratos no celular do que em todos os meus álbuns de fotografias das décadas anteriores.

Por algum motivo, a maior parte dessas imagens desperta em mim a sensação de que a pessoa que aparece na foto não é a mesma que eu vejo no espelho. Às vezes, mais por acaso do que por técnica, parece haver uma rara coincidência entre o eu captado e o eu imaginado. Nesses casos, o Setor de Gerenciamento de Imagem Pública e Autocrítica Estética colocado em operação, sem que eu me desse conta, em algum momento dos últimos 10 anos, aprova a foto para postagem – desde que em ocasiões pontuais, para não passar a impressão de que estou enamorada de mim mesma ou desesperada por likes. Ou seja: para ser compartilhada, a foto tem que obedecer a um padrão estético (não assustar ninguém) e a outro, digamos, moral. É quase um milagre que eu ainda poste selfies de vez em quando.

Na última década, aprendemos que a carga emocional envolvida na administração da nossa própria imagem pode ser opressiva e até mesmo dolorosa. "O espelho adoece a alma", anotou o teólogo belga Lawrence Beyerlinck, quatro séculos antes de os consultórios ficarem lotados de jovens com dificuldade para lidar com a aparência que veem refletida no poço sem fundo das redes sociais. Muita gente vem pensando e escrevendo sobre o peso da comparação permanente, mas nem sempre o resultado é acessível para aqueles que mais poderiam se beneficiar de uma reflexão mais profunda sobre o assunto: os próprios adolescentes.

A quadrinista sueca Liv Strömquist resolveu dar um jeito nisso, traduzindo para a linguagem simples e direta dos quadrinhos as ideias de pensadores como René Girard, Susan Sontag, Byung-Chul Han e Simone Weil, entre outros, sobre temas como beleza, obsessão por celebridades e a óbvia conexão entre a frustração gerada por padrões inacessíveis, muitas vezes irreais, e o impulso de consumir seja lá o que for para atingir "a perfeição".

O gibi *Sala dos espelhos – autoimagem em transe, ou beleza e autenticidade como mercadoria na era dos likes & outras encenações do eu* (Companhia das Letras) é leitura recomendada para qualquer adolescente ou jovem que você conhece. E para adultos cheios de selfies no celular também.

1º de maio de 2023

# Poliamores

Tenho uma amiga que mantém relacionamentos fora do casamento. Tudo devidamente acordado com o marido, bem entendido. Pessoas entram e saem da vida do casal, mas os dois continuam juntos – e apaixonados. Para os monogâmicos por hábito ou convicção, a coisa toda parece um pouco complicada de manejar no dia a dia, mas, segundo ela, tudo é uma questão de organização (para que ninguém seja surpreendido por uma atitude fora do combinado) e lealdade (que é a fidelidade sem cabresto).

"Mas vocês nunca ficam com ciúmes?", quis saber, imediatamente me arrependendo da obviedade da pergunta. Com cara de quem já respondeu mil vezes à mesma questão, ela garantiu que não. Todas as cartas estão na mesa e ninguém precisa se mortificar com a imaginação. E se um dos dois se apaixonar por outra pessoa e não quiser voltar mais? Bom, pode acontecer, tudo pode acontecer, admitiu minha amiga, mas um grande amor sustenta imprevistos. Ou já não é um grande amor.

Para tudo. Esta não é uma conversa sobre casamento aberto, poliamor, amores líquidos. Queria falar sobre fidelidade, constância, compromisso, mas em um contexto bem diferente. Em um mundo saturado de estímulos ao alcance da mão ("clique aqui e compre agora!"), como ficar meses, ou mesmo anos, com o mesmo livro na cabeceira? Como resistir ao apelo da variedade quando o cardápio de distrações é farto e o algoritmo conhece nossos gostos e fraquezas muito melhor do que nós?

Minha tese é: nos dias de hoje, atravessar um livro de mais de mil páginas é mais ou menos como manter um casamento longo. Se você se distrair com o excesso de opções em volta, é possível que perca o fio da meada e nunca mais volte. Se fechar os olhos para tudo que aparece nas vitrinas, corre o risco de se sentir aborrecido, sufocado, monotemático. Preciso confessar que tenho mais experiência com leituras que exigem renúncia a tentações de diferentes naturezas do que com casamentos que atravessam décadas. Ou seja: não garanto que arranjos conjugais não convencionais salvem casamentos em perigo, mas se o seu problema for falta de paciência para a monogamia literária, talvez as duas regras básicas dos relacionamentos poliamorosos possam ajudar: organização e lealdade.

Você está lá, atravessando o Liso do Sussuarão na companhia de Proust, Tolstói, Musil, Dostoievski ou do próprio Rosa, quando sente aquela comichão mental de descobrir se o cara que ganhou o Nobel vale mesmo a pena ou se aquela bagunça toda no Oriente Médio tem alguma chance de acabar bem. Se o leitor se inclina para a monogamia literária, *pas de problème*. O Oriente Médio não vai sair do lugar, e o Prêmio Nobel também não vai a lugar nenhum antes de outubro do ano que vem. Não é o meu caso. Por dever de ofício e temperamento, sou uma poliamorosa literária.

Para não viver cercada de livros lidos até a metade, precisei desenvolver um método ("organização"). Descobri que, se você quer ler um livro de mil páginas, ou mais, mas não consegue segurar sua curiosidade sobre assuntos aleatórios ou momentosos, estabelecer uma meta de páginas ajuda a não perder o foco. Atende-se à piscadela da novidade, sem culpa, mas com o compromisso íntimo de voltar ao livro que ficou de lado. Desse jeito, consigo me manter fiel ("lealdade") ao meu eu do passado, aquele que encarou a primeira página do tijolão cheia de promessas de fidelidade e amor eterno, sem abrir mão dos impulsos e da vontade de variar o cardápio de vez em quando. Quem nunca.

11 de novembro de 2023

# Passageiros

No recanto menos nova-iorquino de Nova York, todos os dias parecem domingo. Mesmo durante a semana, quando a única escola e o pequeno comércio da rua principal (que alguém batizou, com rara criatividade, de Main Street ou Rua Principal) estão funcionando. Mesmo entre o Dia de Ação de Graças e o Ano-Novo, quando Nova York recebe mais de 6 milhões de turistas – dos quais apenas uma pequena parcela, imagino, sabe que Roosevelt Island sequer existe.

Morar aqui é uma experiência curiosa: a apenas uma estação de metrô do Upper East Side, onde tudo é pressa e barulho, Roosevelt Island (3,2 km de comprimento, 240 metros de largura, 12 mil habitantes) tem seu ritmo próprio – domingueiro, arrabaldino, distensionado. Com a dupla cidadania de habitante da metrópole e suburbano, o morador de Roosevelt Island consegue estar dentro e fora de Manhattan ao mesmo tempo.

A vizinhança pacata acabou afetando a forma como eu me adaptei à cidade nos últimos dois anos – aos poucos, sem ansiedade. Nova York pode ser excessiva, exagerada, inabarcável. Como uma prateleira de supermercado com 36 marcas diferentes de pasta de dente à disposição do freguês. Mesmo quando você encontra exatamente o que quer, sabe que algo deve ter passado despercebido quando estava olhando para o outro lado, distraído pela profusão de ofertas. Nova York é demais – mas nem sempre no mesmo sentido que Porto Alegre.

Foi preciso uma temporada mais longa, e a mirada mais ou menos a distância que Roosevelt Island proporciona, para que eu começasse a entender Nova York. Entender, aqui, não significa decifrá-la completamente, o que ainda me parece impossível, mas reduzi-la a uma escala humana, íntima, de admiração e afeto: o que eu buscava era um momento "alguma coisa acontece no meu coração". E ele acabou vindo. Não em uma esquina movimentada de Manhattan ou em qualquer outro lugar magnífico da cidade, mas no metrô.

A mais completa tradução de Nova York é um local prático e eficiente, sem qualquer esforço de beleza ou transcendência, em que moradores e visitantes encenam todos os dias o inigualável espetáculo da diversidade humana. Todas as cores, todas as classes sociais, todas as línguas e os figurinos mais exóticos convivem ali, por alguns minutos, em aparente harmonia. Como se fosse simples, como se fosse possível, deslocar-se de um lugar ao outro, todos os dias, lembrando como é importante respeitar o espaço, as escolhas e as idiossincrasias do companheiro de viagem. Sem se sentir ameaçado, raivoso ou indignado, abraçar a condição passageira de todas as coisas – acima e abaixo da terra.

19 de dezembro de 2022

# Tolstói na praça

Tolstói não é russo. Ou talvez seja. Não sei que língua ele fala. O que sei é que passa algumas horas por dia, todos os dias, sentado no banco da praça mais movimentada de Roosevelt Island – haja guerra ou haja paz.

Tolstói está sempre lendo alguma coisa, as costas formando um ponto de interrogação quase perfeito sobre o livro, como se essa manobra radical da cabeça em direção ao plexo solar tivesse sido aperfeiçoada ao longo de muitos anos de rígida disciplina – uma Nadia Comaneci da cifose. Capote gasto nos dias frios, mangas arregaçadas quando o calor aperta, o figurino todo preto varia o mínimo possível. A barba encosta nos botões da camisa, e os cabelos são um vasto tumulto prateado. Lamento que não lhe ocorra adotar um chapéu no inverno ou uma bata branca nos dias mais quentes. Ajudaria a compor o personagem e justificaria o apelido. Se fizesse anotações para o grande romance realista sobre o nosso tempo, melhor ainda. Mas meu Tolstói não escreve ou pontifica. Pelo menos não em público.

Às vezes, o homem de barba branca deixa o livro de lado e concentra-se no que acontece em volta. Para quem gosta de prestar atenção no comportamento de estranhos, a praça é um cinema com sessões ininterruptas. A qualquer hora do dia, pode-se escolher entre o romance, o drama, a comédia familiar, o filme mudo. No verão, pais com crianças pequenas dominam o território, mas todos os tipos humanos estão representados nesse pequeno bioma nova-iorquino: gente moça, gente velha, gente que consegue (ou precisa) dormir na rua, leitores de celular, comedores de sanduíches. Tolstói acumula as funções de observador e observado. Não é do tipo que assusta crianças, mas consegue se destacar em uma cidade em que todas as estranhezas parecem mapeadas e nada chama a atenção por mais de 30 segundos.

No inverno, Tolstói não faz fé com agasalho. Talvez porque tenha assistido a nevascas épicas em cantos mais gelados do mundo (na Rússia, claro, gosto de imaginar). A praça se esvazia, mas ele não abandona seu posto. Nos primeiros dias de abril, quando as cerejeiras anunciam a chegada da primavera e o chão se cobre de pétalas, tudo volta a ficar colorido, menos ele.

O Tolstói da praça nem desconfia que quando passo por ele penso em guerras napoleônicas, na doença terrível que matou Ivan Ilitch, nos sofrimentos de Anna Karenina e na arte quase perdida de observar estranhos sentados em bancos de praça – no caso dele, lendo e observando estranhos, sem nunca checar o celular.

31 de julho de 2023

# Deu pra ti

Nas ladeiras da memória da cidade onde eu nasci, convivem o mercadinho de secos e molhados que eu frequentava no século passado (mais ou menos na época do Secos & Molhados), a pizzaria de breve e retumbante sucesso que se instalou ali alguns anos depois e a pet shop que ocupa temporariamente o mesmo endereço – antes que uma farmácia ou um novo prédio de apartamentos inaugurem capítulos inéditos nessa notável saga de inquietude imobiliária. Na mesma esquina inventada de Porto Alegre, reencontro não apenas o que fisicamente está lá ou já esteve, mas todos os momentos, graves ou corriqueiros, em que plantei sobre o asfalto as recordações que florescem, apenas para mim, toda vez que cruzo a avenida.

Visitar a cidade natal uma vez por ano torna tudo mais agudo e intenso: as nostalgias, as novidades, as idiossincrasias, o sotaque. É como se cada aspecto do que está em volta ficasse mais concentrado e nítido – não apenas o que é amável e acolhedor, mas também o que incomoda, decepciona, abate. Se a rotina dilui as belezas e as asperezas, o estranhamento desperta a sensibilidade. A distância convida a olhar mais e melhor.

Nas duas últimas semanas, convivi com uma viatura da Brigada Militar estacionada na porta do meu edifício. Meu apartamento em Porto Alegre fica em um bairro onde roubos de carros são frequentes, e aparentemente alguém decidiu dar um basta no problema de maneira ostensiva. Se a presença dos policiais instalou uma provisória sensação de segurança, provocou também um certo desconforto. Como se, no bairro das ruas bonitas e cheias de árvores, fôssemos obrigados a lembrar de outras partes da cidade, não tão arborizadas nem tão bem pavimentadas, onde os crimes não são combatidos com tanta eficiência e os moradores não são cumprimentados todas as manhãs com a mesma gentileza.

A Porto Alegre dos assaltos, da desigualdade e dos negócios falidos é também a dos novos bares e restaurantes, das calçadas cheias e da vida cultural animada. Vou embora com a imagem de viaturas estacionadas na esquina de casa, sinalizando o que não vai bem, mas com a sensação – subjetiva, parcial, talvez ingênua, mas cheia de "pensamento desejante" – de que o melhor da cidade reage, resiste e pulsa. Como nunca, como sempre.

3 de abril de 2023

# Inútil paisagem

Meu pai era um gurizote quando as águas do Guaíba avançaram sobre as ruas de Porto Alegre. Mais tarde, contando aos filhos pequenos sobre a enchente de 1941, era o olhar do menino que ditava o ritmo da narrativa. Quando o assunto vinha à tona, o pai nos falava das aulas suspensas, dos barquinhos atravessando a Borges de Medeiros, da farra da gurizada em meio à desorganização geral da rotina da cidade.

Talvez não fosse a intenção dele, mas a enchente ficou me parecendo um negócio extraordinário, no bom sentido, mais ou menos como o Zeppelin sobrevoando a Praça da Matriz (em 1934) ou Albert Camus dando palestra no Instituto de Artes (em 1949). O passado do lugar onde a gente nasceu é um pouco como a infância dos nossos pais: tão próximo que quase podemos visitar, tão longínquo quanto uma civilização extinta da qual nos restaram apenas alguns fragmentos.

Minha fantasia aventurosa sobre a enchente de 1941 não durou muito. O que na infância havia me parecido espetacular, porque insólito, era na verdade um trauma, uma cicatriz em formato de muro na história da cidade. E não é difícil entender por quê. Mesmo quem nunca enfrentou a face mais terrível desse tipo de tragédia alcança a dimensão épica de uma enchente de grandes proporções. Basta uma goteira persistente ou um princípio de infiltração para qualquer um perceber que somos adversários risíveis na trajetória de um fio de água determinado. Com força para tornar poroso e instável o que nos parecia sólido e confiável, a inundação tem a carga simbólica dos nossos piores pesadelos.

Enquanto escrevo, vejo uma lancha vermelha cruzando as águas calmas do East River. Nunca morei tão perto assim de um rio, e a beleza da paisagem ainda me comove, todos os dias, quando acordo e abro as cortinas. Até onde é possível em uma cidade do tamanho de Nova York, é um panorama plácido, quase bucólico. Ainda assim, não devo ser a única moradora de Roosevelt Island que se pergunta se viver debruçada sobre um rio, mesmo no oitavo andar de um edifício, vai continuar sendo uma boa ideia por muito tempo.

Em 2023, explodiram no Google as buscas por expressões como "mobilidade climática" (mudanças causadas por desastres já ocorridos ou que levam em conta a segurança de um determinado local no caso de temperaturas e eventos naturais extremos) e "ansiedade climática" (o sentimento de angústia relacionado aos humores do clima). Ainda não nos tornamos insensíveis em relação às belezas da chuva, do rio e do mar – acho –, mas definitivamente estamos mais desconfiados.

27 de novembro de 2023

# Correnteza

Não é a primeira vez que eu acompanho, de longe, um momento de apreensão e sofrimento no Rio Grande do Sul. Eu havia acabado de me mudar para Nova York quando a pior onda da covid-19 atingiu o Estado, em abril de 2021. Lembro da tensão quando alguém da família adoecia, da preocupação com os amigos e conhecidos que foram parar no hospital, da aflição pela chegada de uma vacina que – *opus magnum* do negacionista militante que ocupava a presidência da República – ainda não estava disponível.

Com as enchentes tem sido diferente, ainda que a tristeza, a sensação de impotência e a indignação sejam muito parecidas. Dessa vez, o céu desabou sobre nós como um golpe, não ao longo de semanas e meses. O choque talvez seja ainda mais brutal porque, desde o início, a enchente produziu registros dilacerantes. Não apenas fotos e vídeos amadores, mas também muitas imagens aéreas, captadas por drones. A enchente de 1941 é lembrada até hoje por algumas fotos em preto e branco. A de 2024 ficará registrada por centenas, talvez milhares, de vídeos. Os dramas individuais e coletivos vazaram, em diferentes dimensões, para todos os lados. Nada ficou seco.

Pelo celular, vimos casas arrancadas do chão, pontes e estradas se desfazendo, embarcações percorrendo ruas onde uma semana antes se caminhava. Mas, como sempre, são as pessoas que nos revelam a dimensão real de uma tragédia. Vimos sobreviventes aguardando resgate no vão de um telhado e pessoas que desapareceram nas águas quando a ajuda já se aproximava. Vimos filhos reencontrando um pai que havia ficado para trás e mães abraçadas em crianças dentro de helicópteros. Vimos o Gasômetro transformado em porto de acolhimento de refugiados e gente circulando em volta do Mercado Público de barco, repetindo 1941. Mas 2024 foi pior, está sendo pior.

Nos últimos dias, fomos todos arrastados por uma correnteza de sofrimento tão grande que é difícil se concentrar ou pensar em qualquer outra coisa. Mal conseguimos parar para lamentar os mortos e desaparecidos porque ainda é preciso providenciar resgate, abrigo, cuidado, doações. Para quem está longe, como eu, é como assistir a um filme-catástrofe em tempo real. Não em um cenário distante ou criado por computador, mas exatamente no centro do mundo, o meu mundo.

6 de maio de 2024

# Senta lá, Cláudia

Ainda não corremos risco de extinção (acho), mas nossa espécie vem sofrendo baixas crescentes nas últimas quatro décadas. Na oitava série – estou falando do final dos anos 1970, quando a expansão dessa milenar população ainda parecia fora de controle – éramos quatro apenas na minha turma. Cláudia C., a que mantinha os lápis sempre bem apontados; Cláudia G., a que nunca repetia uma Melissa; Cláudia S., a que amava a fórmula de Bhaskara; Cláudia L., a que sempre se sentava na primeira fila (por temperamento, admito, mas também por miopia. Não me julguem).

No vestibular, eram salas inteiras só para nós. Cláudias roendo unhas, Cláudias batendo papo, Cláudias contando Cláudias que contavam Cláudias. Havia Cláudias disputando uma vaga na Engenharia Mecânica, convencidas de que em um curso de maioria masculina finalmente se veriam livres das xarás. E Cláudias com sobrenomes ainda mais comuns do que o título da revista feminina mais popular da época, todas apostando em carreiras brilhantes que lhes garantiriam, enfim, uma identidade única e inconfundível: "Doutora Cláudia Silva da Silva, a primeira brasileira a receber um Prêmio Nobel".

Acostumadas, desde pequenas, a sermos identificadas por apelidos, diminutivos, sobrenomes e suas corruptelas (Laitanis, Laitana, Leitão...) e até pela ordem na chamada ("número 12, fecha já a matraca!"), e ainda assim sermos confundidas com nossas tocaias, nunca passamos adiante a piada do Mário – até por consideração. Ainda hoje, quando alguém pergunta para a minha melhor amiga "como anda a Cláudia?", a resposta nunca é "está ótima", "viajou" ou "adotou um gato", mas "Que Cláudia?". (Já tive até um marido que casou com duas Cláudias, uma de cada vez, por pura falta de criatividade.) Por sorte, nosso nome não rima com nada. Nesse sentido, tivemos mais sorte do que o Mário, mas a Xuxa, essa Maria da Graça disfarçada, conseguiu a proeza de nos transformar no meme da criatura sem noção: "Senta lá, Cláudia".

Na última semana, finalmente aconteceu: uma Cláudia da nossa geração chegou ao poder. Formada em Física e com doutorado em Engenharia de Energia, Claudia Sheinbaum, presidente eleita do México, tem até um pedaço de Nobel para chamar de seu (em 2007, ela fez parte do Painel Intergovernamental sobre Mudanças Climáticas, que recebeu o Prêmio Nobel da Paz daquele ano). Judia, não religiosa e de centro-esquerda, Claudia é a favor da solução de dois Estados para Israel e Palestina. Logo depois de votar, ela tuitou "Obrigada, Jesus, por me acompanhar". Não foi populismo, mas gratidão verdadeira. Jesus, no caso, é o marido dela. Ter um nome comum, no fim das contas, pode até ser uma bênção.

10 de junho de 2024

# Cabeceira

# Nove minutos

O que se faz em nove minutos? Nada? Muita coisa? O suficiente? Renato Russo nos convida a parar para ouvir até o fim uma canção em longa-metragem. *Faroeste caboclo* foi sucesso nas rádios, contrariando o senso comum – e nas rodinhas de violão, desafiando a memória e o fôlego.

A saga de João de Santo Cristo no coração do Brasil chega ao cinema em uma época em que uma canção de nove minutos soa ainda mais excêntrica do que há 25 anos, quando foi lançada. Se *Faroeste caboclo*, a música, tivesse sido gravada em 2013 é possível que boa parte dos ouvintes não chegasse até o último verso sem ser atraído por algum outro tipo de estímulo – uma mensagem no telefone, a urgência autoimposta de ler/assistir/comentar/partilhar qualquer coisa durante aqueles intermináveis 540 segundos, ou apenas a falta de paciência para acompanhar até o fim o desenrolar de uma história que não se entrega no refrão.

Nove minutos são hoje uma eternidade – mais do que muita gente dedica a um interlocutor (mãe, amigo, amante...) antes de desviar o olhar para baixo e checar a última novidade no celular. Todas as formas de consumo de conhecimento/entretenimento/informação, sem falar dos relacionamentos sociais, estão sendo impactadas por esse tipo de atenção *fast forward* que estamos dedicando ao que está em volta – animal, vegetal ou cultural.

A dificuldade de foco é mais notável, obviamente, na geração que nasceu mergulhada na infinita oferta de estímulos da internet. Ouvem alguns segundos de uma música antes de pular para a próxima, tornando anacrônica não só a experiência de escutar um disco do começo ao fim, mas uma única música inteira do primeiro ao último acorde – por mais que gostem dela.

O zapping mental aparece cada vez mais nos hábitos de consumo cultural dos adultos também. Estudos de fluxo de leitura online revelam que quando alguém se interessa suficientemente por um texto para percorrer as primeiras linhas, muito raramente chega até o final. Mesmo quando o texto parece tão interessante a ponto de ser compartilhado antes do final da leitura – que acontece, em geral, na metade do texto. (Ou seja: se chegou até aqui, muito obrigada pela companhia. Você é um forte.)

Talvez esteja no tempo de fruição uma das grandes diferenças que vai se estabelecer entre o consumo online – múltiplo, superficial – e as experiências oferecidas pelos suportes físicos (o texto no papel, o disco que se pega na mão, o filme no cinema). É bom saber que em nove minutos podemos dar a volta ao mundo, mordiscando uma infinidade de assuntos, mas talvez cada vez mais pessoas comecem a descobrir como pode ser revolucionário ter tempo (e vontade) para repousar nossa atenção em uma única coisa de cada vez.

8 de junho de 2013

# Seu polícia

Homem abandonado pela namorada atormenta os vizinhos ouvindo música no último volume e avisa: só vai parar de beber e de incomodar a vizinhança quando ela voltar para casa. Mulher infiel apronta todas para o marido e é expulsa de casa. Esposa desconfiada dá um flagra no marido no motel e ameaça dar uma surra nele e na acompanhante. Parece prontuário da Vara de Família, mas é apenas um pequeno extrato dos temas presentes nas 10 músicas que mais tocaram no rádio em 2016.

A enorme variedade de ritmos da música brasileira não está expressa na lista de mais tocadas no rádio já há alguns anos. Um único gênero, o sertanejo universitário, domina o ranking de alto a baixo, o que é ruim não apenas para quem não é fã do gênero, mas para toda a indústria musical. Variedade é luxo, e gosto é repertório: mais do mesmo só gera necessidade de mais do mesmo.

O sertanejo universitário se caracteriza por letras simples, refrões fáceis de lembrar e arranjos padronizados – em geral, as músicas acabam tão parecidas entre si que poderíamos imaginar um único compositor, heroico, inventando falsas sofrências, oito horas por dia, para abastecer a insaciável cadeia produtiva do gênero.

A fórmula, aplicada à exaustão aos novos artistas que chegam aos magotes ao mercado todos os anos, conquistou corações e pistas de dança de forma surpreendentemente democrática: em um país tão desigual quanto o nosso, o ritmo atrai tanto os jovens que ralam para pagar o crediário do smartphone quanto os que vão e voltam da balada sertaneja dirigindo a picape do ano. Se você acredita que somos o que lemos (e o que ouvimos), talvez devesse parar alguns instantes para prestar atenção nas letras das canções que estão formando razão e sensibilidade de toda uma geração.

Escute, por exemplo, a música número 1 do ranking, *Seu polícia*, aquela do namorado abandonado que afoga as mágoas bebendo e ouvindo música alta, sucesso da dupla Zé Neto & Cristiano. A polícia aqui não é vista com desconfiança, como na canção do Chico dos tempos da ditadura ("Chame o ladrão, chame o ladrão, chame o ladrão!") ou naquela dos Titãs que a gente dançava nos anos 1980 ("Polícia para quem precisa/Polícia para quem precisa de polícia"), nem como ameaça para quem é preto e pobre, como no rap dos Racionais ("Não confio na polícia"), mas como uma instituição anódina e potencialmente corruptível ("Seu polícia/É que eu separei recentemente/De paixão eu tô doente/Será que o senhor me entende?").

Sim, a gente entende. Sabemos o que costuma acontecer quando homens se convencem de que os próprios sentimentos são mais importantes do que o bom senso ou as leis que eles deveriam obedecer. Basta digitar "inconformado com o fim do relacionamento" no Google para descobrir como essas histórias costumam terminar.

6 de janeiro de 2017

# A RAINHA E AS MANICURES

Uma delas estava aos meus pés – aparando cutículas. A outra, ao meu lado, cuidava das minhas mãos. Atrás de mim, uma terceira secava meus cabelos. (Por 30 minutos e algumas dezenas de reais, toda mulher é rainha no salão de beleza.) Sem perder o foco no trabalho, as duas primeiras conversavam sobre a faculdade. Uma delas havia mudado de universidade recentemente, atraída pelo desconto na mensalidade oferecido por outra instituição, mas mesmo assim andava difícil dar conta de todos os compromissos no final do mês.

A outra havia mudado de bairro para ficar mais perto do trabalho e agora morava longe da faculdade, o que roubava minutos preciosos do dia em transporte. Nenhuma das duas estava conseguindo fazer todas as disciplinas recomendadas – às vezes por falta de tempo para conciliar o trabalho e os estudos, às vezes por falta de grana para as mensalidades. Apesar disso, o tom da conversa não era de desânimo. Pelo contrário. As duas pareciam decididas a realizar todos os malabarismos necessários para terminar o curso, fosse no tempo que fosse. Para meninas como elas, chegar à faculdade é uma conquista. Concluir é teimosia.

*Scientia potentia est* (conhecimento é poder), expressão em latim atribuída ao filósofo inglês Francis Bacon (1561-1626), é o título de um dos melhores episódios da primeira temporada da série *The Crown*, que retrata o começo do reinado da rainha Elizabeth II. Pouco tempo depois de ter sido coroada e começar a conviver com políticos e homens de negócios do mundo todo, a jovem rainha da Inglaterra se dá conta de que não havia recebido uma educação adequada para assumir o posto de mulher mais poderosa do planeta.

Excluída do ensino formal desde a infância, os únicos conteúdos no qual havia sido treinada eram etiqueta, *of course*, e o tanto de Constituição que um futuro monarca deveria conhecer. Para todo o resto – ciências, artes, história –, a rainha era analfabeta. "Não aguento mais ter que desviar todas as conversas para cavalos e cachorros", queixa-se a certa altura do episódio.

Para sorte dela, seu emprego não era tão exaustivo a ponto de impedi-la de recuperar o atraso. Contratou um tutor particular e começou a estudar. *Scientia potentia est.*

20 de janeiro de 2017

# Mosh

A cena é sempre impressionante. O artista desprende-se do palco, salta no ar e mergulha de braços abertos sobre a plateia, lá onde centenas de mãos estranhas e reverentes disputam o privilégio de amparar o ídolo – honradas pela chance de tocar a divindade em sua breve visita ao reino dos mortais.

A performance (alguns chamam de *mosh*, outros de *stage dive*) é a própria síntese da atitude rock'n'roll: inconsequente, audaciosa, provocativa. Mas, quando dá errado, dá muito errado. Teve o músico que caiu no fosso dos fotógrafos (e no ridículo) em vez de aterrissar sobre os braços da plateia – localizada alguns centímetros mais adiante do que o astro havia calculado. Outros, mais desafortunados ainda, veem o público desviar em bloco de sua trajetória rumo ao desastre, sofrendo a dor aguda da rejeição tanto na alma quanto nos ossos.

Lançar-se ao desconhecido vai contra cada fibra do senso de autopreservação da maioria das pessoas. Para o mosh acontecer, portanto, não basta que artista e plateia vibrem na mesma onda. O mosh exige também um certo flerte com a possibilidade do desastre. Um flerte que pode ser movido por loucura, exibicionismo ou simples inconsequência, mas que sempre vai fascinar aqueles que não têm coragem sequer para saltar os dois últimos degraus da escada de casa.

Nos últimos 10 anos, Belchior empreendeu uma espécie de mosh definitivo e radical. Por motivos que nunca serão completamente esclarecidos, o artista deixou para trás tudo o que tinha (amigos, família, bens, dívidas, carreira, compromissos...) para iniciar um salto mortal rumo ao imprevisível. Sem rede alguma a não ser aquela tecida pela memória afetiva dos fãs, Belchior desfrutou diferentes tipos de amparo nesse período.

Em um lugar, uma garrafa de água mineral. No outro, uma cama, um prato de comida, um sofá, uma diária de hotel.

Em 10 anos, foi a pelo menos 10 cidades do Rio Grande do Sul, sempre aterrissando sobre braços estendidos que impediam sua dolorosa queda na realidade dura e banal de viver e morar às próprias custas. Contando apenas com os fãs e o próprio impulso para seu último salto mortal, voou no ar – e nunca caiu.

5 de maio de 2017

# Meninas do Brasil

Elza, Nara, Elis, em ordem de nascimento. Elis, Nara, Elza, em tempo de vida (somadas, as idades de Elis e Nara, quando morreram, não chegam aos 91 de Elza). Elza, Elis, Nara na escala social – da sobrevivente do planeta fome à "pobre menina rica", com um IAPI no meio.

Três mulheres-canção, três nomes de apenas quatro letras que dispensam contexto ou sobrenome quando entram na conversa. Três vidas que – cruzadas, distantes ou mesmo em rota de colisão (Elis e Nara não se bicavam) – ajudam a contar boa parte da história da música brasileira deste e do outro século.

Três mulheres que foram esposas e amantes, traidoras e traídas – sempre à vista de todos e em meio a uma nada banal virada de mesa na relação de poder entre os sexos. Três cantoras casualmente reunidas no noticiário da semana passada por uma sobreposição de efemérides: os 80 anos de Nara Leão, os 40 da morte de Elis Regina e a saída de cena, em plena atividade, de Elza Soares.

Mais do que pela voz, uma cantora é definida por suas escolhas e circunstâncias. Durante muito tempo, achei que Marisa Monte seria a grande cantora da minha geração. Mudei para o time Mônica Salmaso, alguns anos atrás, não porque uma voz é mais bonita ou afinada do que a outra, mas pelas músicas que escolheram cantar. Passei ao largo pelo enorme sucesso de Marília Mendonça porque seu estilo e suas letras não me dizem nada. Nunca saberemos como teria conduzido sua carreira se tivesse vivido mais do que seus breves 26 anos.

Circunstâncias permitiram que Nara Leão acompanhasse o nascimento da Bossa Nova sem precisar sair de casa, mas foi dela a escolha de mudar de turma várias vezes ao longo da carreira, como mostra o ótimo documentário *O canto livre de Nara Leão*. Circunstâncias ajudaram Elis a desenvolver seu talento excepcional desde muito cedo, mas foram as escolhas e a inteligência musical que garantiram a ela o posto de maior cantora do Brasil.

Circunstâncias jogaram contra o talento de Elza Soares desde o nascimento, e ela driblou quase todas sem perder o tom. Nos anos 1990, sem público e com dificuldade para pagar as contas, quase desistiu da música. Mas o jogo só acaba quando termina, como Garrincha sabia muito bem. Com mais de 70 anos, Elza reescreveu o epílogo da própria história e tornou-se reverenciada por fãs que nasceram anos depois da morte de Elis e Nara. As circunstâncias moldaram-se às escolhas. E vice-versa.

24 de janeiro de 2022

# Roda-viva

Joni Mitchell, que além de compositora genial, cantora, instrumentista e diva absoluta também é artista plástica, certa vez comparou o ofício de pintar com o de compor e cantar em público: "Um artista pinta um quadro, desfruta a satisfação de criar e é isso. O quadro é pendurado na parede, alguém o compra e talvez outra pessoa o compre de novo mais tarde. Ou ninguém se interessa, e o quadro fica esquecido em algum canto. Mas nunca – nunca – alguém pensaria em pedir a Van Gogh: 'Pinta *Noite estrelada* de novo aí, cara'".

Por diferentes motivos, músicos sempre exerceram o direito de recusar-se a continuar pintando sua *Noite estrelada* indefinidamente. Madonna, uma garota materialista em um mundo idem, chegou a dizer que só voltaria a cantar *Like a virgin* se alguém lhe pagasse 30 milhões de dólares. Roberto Carlos, supersticioso e maniático, ficou anos sem cantar *Quero que vá tudo pro inferno* para evitar as "vibrações negativas" da letra.

Nos últimos tempos, na hora de decidir o que querem ou não mostrar ao seu público, alguns artistas têm levado em conta não apenas suas idiossincrasias e evolução musical, mas também o espírito da época e suas suscetibilidades. No ano passado, os Rolling Stones anunciaram que deixariam de cantar *Brown sugar* (1971), um dos maiores sucessos da banda, porque a canção evoca a exploração sexual de mulheres negras. A onda parece ter batido por aqui também: em depoimento para o documentário *O canto livre de Nara Leão*, Chico Buarque surpreendeu parte dos fãs ao admitir, meio sem jeito, que não cantava mais *Com açúcar, com afeto* porque a música era considerada machista nos dias de hoje.

Nasci em 1966, ano em que Chico compôs *Com açúcar, com afeto* para Nara Leão. Para mim, como para muitas meninas da minha geração, a música sempre soou tão propositalmente anacrônica quanto *A banda* ou *Noite dos mascarados.* Não porque mulheres submissas e o patriarcado tivessem sido extintos do planeta enquanto nos aproximávamos da vida adulta, mas porque a idealização da sofrência feminina já soava antiquada naquela época (*Amélia*, que nem bolo fazia porque achava bonito não ter o que comer, é de 1942). Sugerir que *Com açúcar, com afeto* era machista soaria tão absurdo quanto imaginar que o verso "Mirem-se no exemplo daquelas mulheres de Atenas/ Vivem pros seus maridos, orgulho e raça de Atenas" era um elogio ao estilo de vida das esposas da Grécia Antiga.

É óbvio, mas precisa ser repetido: leituras literais de obras de arte não são apenas tolas e limitadas, mas arrogantes em sua pretensão de eliminar paradoxos desconfortáveis e cobrir todas as contradições da natureza humana com a pátina dos bons sentimentos. Seria como sugerir a Van Gogh que pintasse uma noite um pouco menos convulsionada ao observar o mundo desde a janela de um hospício em Saint-Remy.

Chico Buarque pode se dar ao luxo de abandonar algumas de suas canções à própria sorte, tão vasta é sua coleção de obras-primas, mas não deixa de ser irônico que o compositor de *Roda-viva* tenha sido arrastado pela corrente da patrulha até não poder resistir: "A gente quer ter voz ativa, no nosso destino mandar. Mas eis que chega a roda-viva e carrega o destino pra lá".

7 de fevereiro de 2022

# Errantes navegantes

Caetano estava preso em um quartel no Realengo, em 1969, quando viu pela primeira vez "as tais fotografias" na revista *Manchete*. O episódio que inspirou a letra da canção *Terra* é narrado em detalhes pelo compositor no livro *Verdade tropical* (1997) e também no documentário *Narciso em férias* (2020), de Ricardo Calil e Renato Terra. "Eram as primeiras fotos em que se via o globo inteiro, o que provocava forte emoção, pois confirmava o que só tínhamos chegado a saber por dedução e só víamos em representações abstratas. E eu considerava a ironia da minha situação: preso numa cela mínima, admirava as imagens do planeta inteiro, visto do amplo espaço", escreveu Caetano.

Ao contrário das fotografias da nossa própria casa vista do outro lado da rua (no caso, a órbita da Lua, alcançada pelo histórico voo espacial da Apollo 8 em dezembro de 1968), as imagens captadas pelo telescópio James Webb que começaram a ser divulgadas no início da semana passada pela Nasa dependem das legendas para que a gente consiga entender o que está vendo: aqui um exoplaneta com sinais de vapor de água, ali um quinteto de galáxias abraçadas como quíntuplos na barriga da mãe, acolá um berçário de estrelas cercado de poeira cósmica em forma de montanhas e vales.

Nada nas fotos sugere uma paisagem completamente estranha – talvez porque nós, humanos, estejamos acostumados a buscar padrões de familiaridade em tudo que nos cerca. Quem já admirou uma noite lindamente estrelada não tem dificuldades para imaginar um conjunto de formas e cores como aquelas espalhado pelo espaço ao infinito e além – mesmo sem o auxílio de qualquer tipo de substância química. São as descrições científicas que tiram de órbita o observador comum, para quem a ideia de que a Humanidade descobriu um jeito de escrutinar franjas do universo localizadas a 4,6 bilhões de anos-luz continua sendo nada menos do que assombrosa. A beleza eletronicamente manipulada das imagens impressiona menos do que a magnitude da conquista que nos tocou acompanhar neste brevíssimo instante cósmico que chamamos de "nossas vidas".

Como Caetano, apresentado às imagens da Apollo 8 quando o país afundava no buraco negro do AI-5, também não nos escapa a "ironia da situação". Enquanto o universo se expande através do conhecimento, boa parte dos errantes navegantes deste pálido planeta azul ainda prefere permanecer trancada na cela mínima da insciência.

18 de julho de 2022

# O ESTRANGEIRO

Um homem comum comete um assassinato – à luz do dia e à vista de todos – sem motivo aparente. É preso, julgado e condenado à morte. Fim da história.

*O estrangeiro* (1942), de Albert Camus, é um livro curto, direto e enigmático. Apesar disso, ou por causa disso, tornou-se um dos clássicos da língua francesa mais lidos e vendidos até hoje. A trama é enganosamente simples. Na primeira metade do livro, o personagem principal, Meursault, narra sem paixão sua vida banal: a morte da mãe, a relação com a namorada, as conversas com os amigos, a interação com o chefe. Acontecimentos aleatórios desembocam na cena em que ele se encontra, com uma arma na mão, diante do homem que irá matar. Na segunda parte, enquanto aguarda a execução, é visitado por um capelão, nega o consolo da religião e prepara-se para morrer.

Jean-Paul Sartre, um dos primeiros e mais entusiasmados leitores do livro, considera o romance uma espécie de ilustração ficcional do ensaio *O mito de Sísifo*, em que Camus discorre sobre o "absurdo" da condição humana: 1) queremos entender como tudo funciona, mas somos incapazes de apreender mais do que uma pequena fatia da realidade; 2) queremos viver para sempre, mas sabemos que é impossível. Tocar a vida, sabendo como tudo vai acabar, é como empurrar uma pedra montanha acima e vê-la rolar de novo para o chão logo em seguida. Decidir se esse esforço vale a pena (ou não) é o que cada um deve responder para si mesmo todos os dias de manhã.

A leitura filosófica do romance pode ser a mais próxima do projeto original do escritor, mas duvido que seja a mais comum. A maioria dos leitores termina o livro se perguntando por que, diabos, Meursault decidiu matar aquele árabe na praia e se foi justa ou não sua sentença de morte. Racionalmente, sabemos que o narrador cometeu um crime e merece ser punido, mas a razão não nos impede de torcer para que ele escape da guilhotina. Ao nos contar a história desde a perspectiva íntima de Meursault, o autor nos revela nuanças que nenhum tribunal levaria em conta. Sem perceber, acabamos torcendo pelo assassino.

Mas e se a história fosse contada de outro ponto de vista? É o que faz o escritor argelino Kamel Daoud em *O caso Meursault*, publicado no Brasil em 2016. No livro, o árabe morto por Meursault ganha um nome, Moussa, e sua história é narrada por seu irmão mais novo, Haroun. Além de bela e bem realizada homenagem à obra de Camus, o livro de Daoud nos lembra como o acesso a diferentes pontos de vista pode modificar até mesmo aquela pequena fatia de realidade que acreditamos conhecer bem.

22 de agosto de 2022

# Cenas dos últimos capítulos

Durante a missa de sétimo dia de Jô Soares, no mês passado, Drauzio Varella contou que o amigo escolheu passar seus últimos dias fora do hospital, assistindo a clássicos do cinema noir na televisão de casa. O escritor americano Philip Roth, que morreu em 2018, aos 85 anos, planejou algo parecido para o fim da vida. Depois de parar de escrever, em 2010, passou os últimos anos lendo e assistindo a um canal de streaming especializado em filmes antigos.

Esperar a morte no sofá, vendo um filme velho na televisão, me parece uma excelente escolha – para quem tem a chance de escolher. Algumas pessoas contam que, diante da morte, foram capazes de rever a própria vida como se fosse um filme, mas não confio muito no resultado dessa edição apressada de momentos relevantes providenciada quando o avião ameaça cair ou os freios do carro já pararam de funcionar. Sabe-se lá que tipo de filme minha cabeça seria capaz de produzir em um momento de desespero. (Adoraria que fosse um Visconti, mas vai que rola um Tarantino.)

A despedida razoavelmente tranquila, em casa, perto do que e de quem se ama, é um enorme privilégio – assim como a ideia de manter-se lúcido e interessado no que acontece em volta até o fim. Mas o que eu mais gosto nessa imagem de dois artistas bem-sucedidos aguardando a morte na companhia de filmes antigos é, paradoxalmente, a vitalidade do gesto.

No prazer associado a um determinado filme, livro ou música há sempre algo que remonta às nossas primeiras experiências de fruição. Quando essa matriz de bem-estar emocional, intelectual ou estético se mantém viva até o fim nunca estamos realmente sozinhos, porque, de certa forma, estamos conectados à experiência humana no que ela tem de mais profundo e permanente: a criação, a comunicação entre diferentes tipos de sensibilidade, a expressão de ideias e sentimentos. Em resumo, a arte.

Nas melhores condições de pressão e temperatura – ou seja, poupados de desastres ou doenças terríveis –, o que nos ajudou a viver pode nos ajudar a compor um final mais ou menos feliz também. Bom, eu pelo menos gosto de acreditar nisso. E acho que Jô Soares e Philip Roth eram da minha turma.

5 de setembro de 2022

# Os anos

"Uma pessoa é mais parecida com sua época do que com seus pais", diz um velho provérbio árabe citado pelo historiador Marc Bloch no livro *O ofício do historiador.* No caso de Bloch, as circunstâncias históricas se manifestaram de forma trágica: judeu na França ocupada, o historiador foi preso, torturado e morto, em 1944, por sua atuação na Resistência.

A escritora francesa Annie Ernaux gosta de mencionar o provérbio citado por Bloch quando tenta explicar seus próprios livros – o que tem acontecido com ainda mais frequência desde que ganhou o Nobel. Na semana seguinte à premiação, a autora cumpriu dois compromissos em Nova York: conversou com leitores na livraria francesa Albertine e participou das sessões de lançamento do documentário *Les années super-8*, que codirigiu com o filho David Ernaux-Briot. Os dois eventos já estavam com ingressos esgotados antes mesmo do Nobel.

Em livros como *O lugar* (1993), *A vergonha* (1997), *O acontecimento* (2000) e *Os anos* (2008), lançados no Brasil pela Editora Fósforo, Annie Ernaux vem lapidando um projeto literário que consiste em narrar as próprias memórias à luz da experiência coletiva. Ao contrário de um herói da Resistência como Marc Bloch, sua biografia não tem nada de particularmente excepcional. Nasceu em uma família de trabalhadores, no Interior, em 1940. Estudou, casou, teve filhos, deu aulas, ascendeu socialmente, começou a escrever. Participou do movimento que levaria à legalização do aborto na França, em 1975, e sempre identificou-se com a esquerda. Nenhuma grande aventura – a não ser a de mergulhar fundo no próprio passado.

O livro mais ambicioso de sua série de relatos memorialísticos é *Os anos*, construído com o apoio de seis décadas de diários. A forma como

Annie narra episódios que marcaram sua geração (Maio de 68, Vietnã, o movimento feminista, o triunfo do consumismo) destaca a natureza coletiva de ideias e comportamentos que costumamos considerar únicos e particulares: como escolhemos nossos parceiros, criamos nossos filhos, pensamos em sexo, lembramos o passado ou projetamos o futuro. Através de sua prosa contida, quase seca, acompanhamos consensos se formando e se desfazendo, palavras novas surgindo, objetos entrando e saindo das casas, visões de mundo se espalhando e se diluindo.

Ao ler *Os anos*, pensei muito no meu próprio passado e em como ele se distingue da experiência das gerações que vieram antes e depois da minha. Também tentei imaginar como, no futuro, vou dar sentido ao que está acontecendo agora – no Brasil e na minha vida. O que não estou vendo hoje que vai me parecer óbvio daqui a 10 anos? Me perguntem em 2032.

17 de outubro de 2022

# O trabalho

A relação entre os muito ricos e seus serviçais foi retratada no cinema por dois diretores que nunca precisaram bater ponto ou pegar um ônibus lotado.

Luchino Visconti (1906-1976), filho de um conde e da herdeira de uma grande empresa farmacêutica, começou a carreira dirigindo filmes sobre trabalhadores (*A terra treme*, *Rocco e seus irmãos*), mas é mais lembrado hoje por produções suntuosas (*O leopardo*, *Morte em Veneza*), em que o foco são a aristocracia e a grande burguesia. Em *O trabalho*, episódio em tom de sátira do filme *Boccaccio 70* (1962), os protagonistas são jovens, ricos, belos – e seriamente desocupados. Pupe (Romy Schneider) decide se vingar das traições do marido, conde Ottavio (Tomas Milian), tomando uma atitude radical: procurar um emprego. Paparicado por um séquito de criados, o casal discute se vale ou não a pena trabalhar. A condessa parece ficar surpresa ao descobrir que seus empregados trabalham porque precisam ganhar a vida e não pelo simples prazer de servi-la.

João Moreira Salles, herdeiro de um banco, retratou um dos empregados da família em *Santiago* (2006) – um dos melhores documentários brasileiros dos últimos 20 anos. Santiago Merlo já está aposentado e morando no apartamento que ganhou dos patrões quando concede a entrevista. A ideia inicial do cineasta era mergulhar em suas próprias memórias de infância, além de revelar as excentricidades do ex-mordomo, mas o projeto acabou sendo abandonado. Anos mais tarde, Moreira Salles retorna ao material e percebe sutilezas da conversa que havia deixado escapar. O filme não é mais sobre Santiago, apenas, mas sobre os vestígios de uma relação de poder entre patrão e empregado.

A invisibilidade subjetiva de quem não pode se dar ao luxo de dizer o que realmente pensa a quem paga seu salário, que aparece de forma sutil e mediada por códigos de civilidade nos filmes de Visconti e João Moreira Salles, veio à tona no Brasil como uma golfada de bestialidade nas últimas eleições. Foram mais de 2 mil denúncias de assédio eleitoral, mais de 2 mil queixas de empregados que foram de alguma maneira coagidos a votar no candidato escolhido pelos patrões.

Apesar da dimensão inédita, o fenômeno não chega a ser surpreendente em um país em que a tradição do mandonismo nunca foi abandonada. O que assusta é ver gente defender, em público e sem corar, que a prática é absolutamente legítima: empregados e órgãos de vigilância é que estão errados. O Brasil andou tanto para trás nos últimos quatro anos que acabou reabilitando – quem diria – o voto de cabresto.

7 de novembro de 2022

# Constelação

O livro é grande (1.160 páginas), caro (R$ 200) e pesado (1,5 quilo). Antes de comprar *Pessoa: uma biografia*, de Richard Zenith, precisei calcular se o calhamaço cabia no orçamento, na mala (voltava do Brasil) e no tempo que eu estava disposta a dedicar à vida de um único escritor – ainda que extraordinário. Três meses depois, mal cheguei à metade da jornada (navegar é preciso), mas o tribunal de contas intangíveis aqui de casa já aprovou, sem ressalvas, o investimento.

Fernando Pessoa (1888-1935) era um mistério até para quem conviveu com ele, adverte o biógrafo logo na introdução. Depois de passar parte da infância na África do Sul, voltou para Lisboa e nunca mais viajou. Publicou apenas um livro em vida e deixou milhares de textos dispersos guardados em um baú (inclusive a obra-prima *O livro do desassossego*, que está chegando às livrarias brasileiras em novas edições da Companhia das Letras e da Todavia). Fumou, bebeu e torrou uma herança inteira em projetos de negócios que não deram certo. Era homossexual, mas provavelmente não teve relacionamentos sexuais nem com homens nem com mulheres. Morreu, aos 47 anos, sem receber a devida atenção de seus contemporâneos. À parte isso, tinha em si todos os sonhos do mundo.

O bom biógrafo é aquele que consegue reconstituir não apenas as coordenadas de espaço e tempo, mas a constelação de ideias e personagens que orbitam em torno do seu objeto de estudo. No caso de Fernando Pessoa, por motivos óbvios, há uma constelação de constelações a ser examinada. Vidas célebres como as de Alberto Caeiro, Ricardo Reis e Álvaro de Campos, três dos quatro maiores poetas de Portugal do século 20 (o quarto seria o pai de todos, o próprio Fernando Pessoa), mas também existências quase esquecidas entre tantas criações melhor desenvolvidas.

É o caso do ultrarracionalista Barão de Teive, que cometeu suicídio por não aguentar tanta lucidez, da platônica Maria José, única mulher entre os heterônimos, ou do solitário Jean Seul de Méluret, que escrevia em francês. Incluindo produções da infância e da adolescência, Zenith calcula que Pessoa tenha criado mais de cem autores fictícios dos quais usou ou planejou usar a assinatura.

Através de seus heterônimos mais conhecidos, o poeta explorou diferentes estilos, temas e visões de mundo. Isso pode dar a impressão de que Fernando Pessoa era apenas um autor genial testando os limites do seu talento, mas os heterônimos eram muito mais do que produtos de uma mente prodigiosa, como a nova biografia nos ajuda a entender. Para Pessoa, ser uma constelação era uma forma de existir e de apreender a realidade. Do único jeito possível em um mundo fraturado: aos pedaços.

26 de junho de 2023

# Viver

Ivan Ilitch havia acabado de morrer pela terceira vez, no meu colo, quando li a notícia da morte do escritor Paul Auster, aos 77 anos, em sua casa no Brooklyn, em Nova York. Contando assim não parece, mas, na hora, me soou como uma coincidência comovente. Melhor que coincidência: uma rima.

A novela *A morte de Ivan Ilitch* (1886), de Leon Tolstói, e *Retrato de um homem invisível*, de Paul Auster, relato não ficcional que abre o livro *A invenção da solidão* (1982), ocupam lugar de honra na minha biblioteca imaginária de textos essenciais. Ambos são pequenas obras-primas de concisão de autores que escreveram romances celebremente extensos (*Guerra e paz* e *4321*). Ambos usam uma morte como ponto de partida da narrativa.

*Ivan Ilitch* começa no fim, no momento em que os colegas do personagem principal, um juiz de 45 anos, ficam sabendo que ele morreu, depois de uma curta e devastadora doença. Você sabe como é. A primeira reação do grupo é de comoção com a notícia que todos já estavam esperando. Logo em seguida, o lado prático das coisas toma conta da conversa e dos pensamentos. Quem vai substituí-lo? Quem pode ganhar uma promoção ou uma transferência com a sua morte? Como acomodar uma ida ao velório em meio a um dia cheio de outros afazeres? Vai dar tempo de sair para jantar depois de cumprir a obrigação de ir cumprimentar a família? Nas duas primeiras leituras, o sarcasmo dessas primeiras páginas havia me escapado, soterrado sob o peso dos capítulos seguintes, em que o autor parece desfiar, fibra por fibra, todos os nossos piores medos sobre a experiência física da morte. Dessa vez, me pareceram mais intensas as dores morais de Ivan Ilitch, o medo que ele tem de não ter vivido "do jeito certo".

Mas qual era o jeito certo, ele se pergunta, sabendo que já não faz diferença a resposta.

Em *Retrato de um homem invisível*, ao contrário, a morte em questão é rápida e sem aviso prévio. Paul Auster é um jovem escritor em começo de carreira quando decide escrever sobre o pai que havia acabado de morrer. Um homem que parecia distante não apenas dos outros, mas de si mesmo: "Desprovido de paixão por coisas, pessoas ou ideias, incapaz ou relutante em se abrir em qualquer circunstância, ele conseguiu manter-se à distância da vida".

Tanto o personagem fictício quanto o personagem real morrem sem ter realmente vivido, no sentido não apenas de fruir a vida, mas de examiná-la. A literatura lhes deu uma segunda chance. Através de nós, leitores, eles voltam a existir e nos convidam a pensar – não na morte, mas no que vem antes. O diretor japonês Akira Kurosawa deu à sua livre adaptação da novela de Tolstói um título simples e belo: *Viver.*

20 de maio de 2024

# K.

Há exatos cem anos, em uma cama do sanatório de Kierling, perto de Viena, Franz Kafka despertava para uma intranquila posteridade. Dizer que um escritor insatisfeito consigo mesmo em todas as dimensões possíveis da existência não imaginava o significado que sua obra teria para os leitores do futuro é um eufemismo. Kafka, a lenda literária, o gênio comparado a Dante e Shakespeare, o autor que parece ter capturado a essência de sua época melhor do que qualquer outro, o nome que virou um adjetivo e depois um clichê, talvez não coubesse na imaginação nem mesmo do próprio Kafka.

Não surpreende que tantos escritores, direta ou indiretamente, tenham transformado o colega em matéria literária. Em um texto escrito no início dos anos 1970 (*I always wanted you to admire my fasting*), Philip Roth inventa uma história alternativa em que o autor de *A metamorfose* escapa da tuberculose e dos nazistas, indo parar em New Jersey – onde trabalha como professor de hebraico e namora uma tia de Roth. No romance *Floresta escura* (2017), Nicole Krauss imagina Kafka vivendo na Palestina, no período entre as duas guerras mundiais, deixando para trás todos os livros que poderia ter escrito se tivesse vivido além dos 40 anos.

Quem de fato se mudou para a Palestina, pouco antes do início da II Guerra Mundial, foi o sionista Max Brod, o homem que Kafka encarregou de queimar, sem ler, cadernos, manuscritos, cartas e rascunhos depois de sua morte. Além de amigo e interlocutor durante mais de 20 anos, Brod foi o primeiro leitor a reconhecer, e anunciar, a genialidade de Kafka (em 1915, pouco depois da publicação de *A metamorfose*, Brod dizia a quem quisesse ouvir que o amigo era o maior escritor de sua época). Ou seja: talvez o próprio Kafka desconfiasse que Brod era a pessoa menos indicada para cumprir a missão de abreviar sua obra. Brod não apenas não atendeu ao pedido como publicou postumamente *O processo* (1925), *O castelo* (1926) e *Amerika* (1927), editou (com cortes) seus diários e escreveu sua primeira biografia. Valeu, Max.

Quando morreu em Tel Aviv, em 1968, Brod deixou para sua secretária, Esther Hoffe, toda sua papelada, inclusive alguns originais de Kafka. Esses documentos, que ficaram durante anos guardados em um apartamento bagunçado e cheio de gatos, foram objeto de uma prolongada disputa judicial entre Israel, Alemanha e a filha de Esther, Eva. A fantástica história real do julgamento, que chegou ao fim apenas em 2016, é narrada no livro *O último processo de Kafka,* de Benjamin Balint.

Talvez o termo "kafkiano" tenha se tornado um clichê não apenas pelo uso excessivo, e muitas vezes indevido ou superficial, mas pela insistência da realidade em refestelar-se no absurdo.

3 de junho de 2024

# VANGUARDA E RETAGUARDA

Corrigir o passado e domar o futuro: eis duas fixações da nossa época em relação à arte. De um lado, a aflição moral com as imperfeições humanas retratadas nas obras de arte e a preocupação exagerada com a biografia dos artistas. Do outro, infinitas possibilidades de manipulação de conteúdos digitais, desestabilizando formas tradicionais de criação e fruição. Vanguarda e retaguarda – no sentido bélico – mobilizam-se nas duas frentes do combate.

Nessa transversal do tempo em que passado e futuro parecem desacomodados, é natural não saber o que pensar (ou sentir) diante de um Harrison Ford rejuvenescido ou de uma Elis Regina trazida à vida para dirigir uma Kombi. Somos um pouco como aquela primeira plateia dos Irmãos Lumière assistindo à chegada de um trem no cinema sem saber se estamos assustados ou maravilhados. Tudo que é sólido vira pixel, e as dúvidas se acumulam. Qual o limite para a apropriação de uma voz, de um rosto ou mesmo de um estilo pela inteligência artificial? Como proteger a posteridade de um artista? Devo me chocar com o fato de filhos administrarem a imagem dos pais como administram outras partes do seu legado? Mesmo quando as questões éticas estiverem menos nebulosas, ainda haverá um enorme espaço aberto para o debate estético. O que emociona algumas pessoas vai continuar causando estranhamento, ou mesmo repulsa, em outras. Se você já foi a uma exposição de arte contemporânea sabe bem do que estou falando.

Enquanto isso, no setor das querelas retroativas, multiplicam-se as estratégias para higienizar o passado: livros banidos de bibliotecas, artistas cancelados, obras varridas para baixo do tapete da História ou editadas para excluir conteúdos indesejáveis. Um exemplo recente, banal, mas muito ilustrativo: sem qualquer aviso prévio ao espectador, algumas plataformas de streaming americanas decidiram cortar um pequeno diálogo do filme *Operação França* (1971) em que um dos personagens faz um comentário racista. O diálogo cortado não é gratuito e ajuda a compor a personalidade do personagem (um policial racista, vejam só), mas isso nem sequer vem ao caso. O problema é imaginar que nenhum livro, filme, peça de teatro ou série de televisão está livre de intervenções desastradas como essa.

A pirueta tecnológica de hoje é o relógio digital de amanhã, mas censura é sempre censura. Disputas em torno de direitos autorais e de imagem me parecem problemas muito mais fáceis de equacionar, em um futuro próximo, do que a milenar tentação de eliminar, a facão, tudo aquilo que nos desagrada.

17 de julho de 2023

# Blau e Swann

Simões Lopes Neto e Marcel Proust moraram juntos na Bordini por mais de 50 anos. Já estavam mortos, é verdade, mas não arrastavam correntes ou assustavam as visitas. Durante o período em que coabitaram no Moinhos de Vento (e o nome do bairro não podia combinar melhor com a alma quixotesca dos dois), quem frequentava seus domínios saía com a viva impressão de que aquela era uma das casas mais bem-assombradas de Porto Alegre.

Carlos e Olga Reverbel, os gentis anfitriões da dupla, compartilhavam o gosto pela leitura, mas tinham lá suas divergências. Carlos, guri de estância por casualidade e biógrafo de Simões Lopes Neto por vocação, era obviamente um simoniano *avant la lettre*. Olga, por sua vez, lia Proust desde criancinha – ou assim parecia aos seus muitos amigos e alunos.

Como o casal mantinha duas bibliotecas separadas em andares diferentes da casa, não havia disputa por espaço nas estantes. Proust, porém, levava vantagem no quesito iconografia: o retrato mais famoso do autor preferido da dona da casa ocupava lugar de honra na parede da sala. Nas conversas e na alma da casa, porém, é justo dizer que o jogo saía empatado.

Simões Lopes Neto escreveu sobre o sul profundo da América do Sul, Marcel Proust sobre o umbigo do mundo. Um recriou o linguajar simples dos galpões, o outro capturou todo o esnobismo dos salões mais sofisticados de Paris. Proust foi reconhecido em vida, o velho Simões nem tanto. Ainda assim, há algumas aproximações possíveis. Os dois escritores foram contemporâneos (o gaúcho, cinco anos mais velho) e morreram aos 51 anos de idade. Ambos, cantando suas aldeias, foram universais e continuam sendo lidos, estudados e amados até hoje: o biênio Simões Lopes Neto (2015-2016) foi celebrado por aqui como o biênio Proust (2021-2022) está sendo comemorado por lá.

Sem falar, claro, da convivência em uma certa casa da Rua Bordini e de uma notável coincidência. Em 1945, Reverbel visitou a casa onde Simões Lopes Neto morreu, em 1916. Foi entrevistar a viúva, Dona Velha, que ainda morava no mesmo lugar. Pouco tempo depois, em 1947, passando uma temporada em Paris, o jornalista descobriu, por acaso, um hóspede ilustre na história do velho hotel onde estava morando: Marcel Proust havia morrido naquele mesmo prédio, 25 anos antes.

Hoje tudo é memória: os escritores, o casal Reverbel e até a casa da Bordini, que virou uma loja de móveis. Tudo, menos os livros, claro, que continuam tão vivos quanto no dia em que foram escritos. Dizem que Blau Nunes e Charles Swann até dividem um mate, beliscando madeleines, cada vez que um novo (ou velho) leitor aproxima os dois na mesma cabeceira.

27 de dezembro de 2021

# Brasilianas

# 2013

Será um pássaro? Será um avião? Não, é mais um filme de super-herói. Nos últimos anos, Hollywood superpovoou os céus do planeta com eles: sai Homem de Ferro, entra Capitão América, sai Homem-Aranha, entra Lanterna Verde. (Quando não aparecem em bando, todos reunidos, como no megablockbuster *Os vingadores*.) Agora é a vez do Super-Homem, que chega ao século 21 na mais messiânica de suas encarnações, como uma espécie de Jesus Cristo Superstar de malha azul e capa vermelha.

Sim, eles às vezes são atormentados por dramas do passado ou pela massacrante rotina de a qualquer momento ter que interromper tudo que estão fazendo para salvar a Humanidade. Mas quando a questão é Bem x Mal, não há espaço para ambiguidades ou moral complexa na mente unívoca de um legítimo super-herói: mocinhos defendem a vida como ela sempre foi, vilões são contra tudo isso que está aí.

Na galáxia dos humanos sem superpoderes, distinguir vilões e heróis tem se tornado cada vez mais complicado. O personagem mais emblemático dessa crise de representatividade, ou de unanimidade, com relação a feitos extraordinários é Edward Snowden. Algumas semanas atrás, a revista *New Yorker* publicou lado a lado dois textos que refletem o racha da sociedade americana com relação ao caso: "Edward Snowden é um herói", defende John Cassidy, "Edward Snowden não é um herói", contrapõe Jeffrey Toobin.

Para o time Snowden, o ex-agente da CIA que vazou informações da Agência de Segurança Nacional fez um enorme serviço ao país e ao resto do mundo, mediante o sacrifício da própria liberdade, revelando a bisbilhotice generalizada do governo americano. Para quem prefere ver Snowden apodrecer na cela de um presídio com 3G ruim, ele não passa de um traíra narcisista que colocou o próprio país em uma enrascada.

Também aqui no Brasil, no ambiente das manifestações de junho, as fronteiras entre bem e mal, heróis e vilões, esquerda e direita tornaram-se nebulosas. Para quem foi surpreendido pelo movimento enquanto jantava na frente da TV, confundem-se "os baderneiros" e a "minoria baderneira", a voz das ruas e os golpistas infiltrados, a polícia que ataca e a polícia que defende, a violência e a reação à violência.

Diante do choque de causas e estratégias, não é fácil se posicionar sempre do mesmo lado: quando você parece entender o que está acontecendo, lá vem a realidade desacomodar suas certezas. Nunca a certeza foi tão burra – ou no mínimo desinformada.

Enquanto isso, nos céus do planeta, super-heróis fazem o seu trabalho: protegem o mundo da angústia das incertezas e das zonas cinzentas em que bem e mal se confundem e não começam com letras maiúsculas. Pelo menos até o filme terminar.

13 de julho de 2013

# Onde está Amarildo?

A pergunta do título remete à sombria memória dos desaparecidos políticos. Como Argentina e Chile, também o Brasil assistiu por algum tempo à macabra rotina dos desaparecimentos inexplicados e inexplicáveis. Amarildo, porém, tem muito pouco em comum com os desaparecidos dos tempos da ditadura – muitos deles egressos da classe média e movidos por alguma espécie de ideologia. A única ideologia que Amarildo representa é a da sobrevivência. O ajudante de pedreiro que desapareceu depois de ter sido confundido com um traficante e levado por quatro recrutas para a sede de uma UPP na favela da Rocinha, no Rio, vivia de biscates, nunca aprendeu a ler e ganhou o apelido de "Boi" porque era capaz de carregar dois sacos de cimento nas costas de uma só vez.

Apesar de morar numa área dominada pelo tráfico, Amarildo não era criminoso. Também não tinha carteira de trabalho ou renda fixa. Como os habitantes do Brejo da Cruz da canção do Chico, Amarildo e a família se alimentavam de luz. Tão distantes dos celulares pré-pagos e dos carnês nas Casas Bahia quanto nós de um iate em Angra.

Será preciso incluir no saldo das manifestações de 2013 o crédito por ter dado a uma história tristemente comum um rosto e um nome. Um nome, aliás, em tudo brasileiro – da raiz que soa como "amar" (mas na verdade vem da palavra latina "amarus", que significa amargo) ao sufixo que, no Brasil, é marca registrada de origem social. Amarildos dão em árvore por aqui. Cordiais, têm filhos que não estudam, doenças que não são tratadas e quando por algum motivo eles criam problemas, reais ou fantasiosos, é fácil convencê-los de que a lei que vale para os outros não é exatamente a mesma que vale para eles.

O sumiço do Amarildo tinha tudo para não dar em nada porque antes de desaparecer ele já era invisível – e a hipótese de o seu desaparecimento causar algum tipo de comoção pública era tão provável quanto a de ele ficar rico jogando na loteria. O acirramento político das últimas semanas, porém, mudou sua sorte. Amarildo sumiu de casa e reapareceu como slogan. Tornou-se causa, bandeira de protestos, desconforto incontornável para a polícia e o governo do Rio.

É provável que nem ele nem a sua família igualmente invisível tirem algum proveito da súbita celebridade. Seria um acontecimento histórico, mas não um consolo, se a repercussão inesperada do caso tornasse esse tipo de tragédia cada vez mais difícil de aceitar e o nome "Amarildo" se tornasse uma espécie de "Vladimir Herzog" dos desaparecidos sociais. Amarildos não escolhem sua invisibilidade. Mas nós sempre podemos decidir se vamos vê-los ou mais uma vez fechar os olhos.

3 de agosto de 2013

# Apesar de você

Você é a favor ou contra cortarem árvores para alargar uma rua? A favor ou contra derrubarem uma casa para construir um edifício? Devem ser reabertos os arquivos da ditadura? Proibidas as máscaras nos protestos? Publicadas biografias não autorizadas?

A arena de debates públicos foi ampliada virtualmente ao infinito pela capilaridade das redes sociais. Pode parecer apenas mais uma discussão trivial sobre um aumento de 20 centavos nas passagens, mas por trás de toda polêmica que exalta ânimos e inflama espíritos há um conflito de visões de mundo, um choque tectônico de ideias. Quase nunca é só pelos 20 centavos.

Como nem sempre são evidentes todos os aspectos envolvidos em um debate – e como poucas pessoas entendem de todos os assuntos, tirando Leonardo da Vinci e aquele seu amigo que dá palpite sobre tudo –, é comum que fiquemos atentos à maneira como diferentes pessoas em quem confiamos se posicionam antes de formarmos a nossa própria opinião. O conceito de formador de opinião, porém, mudou muito nos últimos anos. Hoje há formadores de opinião por todos os lados, para onde você olhar, e talvez por isso mesmo seja cada vez mais difícil escolher a quem vale a pena ouvir.

Na busca da iluminação cotidiana, gosto de prestar atenção em quem entende do riscado: arquitetos para falar de arquitetura, médicos para falar de medicina, juristas para falar de leis.

Mas não basta entender do assunto. Para conquistar o meu respeito, é preciso conseguir construir argumentos que não se limitem aos interesses da sua categoria. Médicos a favor do Mais Médicos, jornalistas contra o diploma de jornalismo, empresários dispostos a perder algum dinheiro:

pode-se concordar ou não com eles, mas ganham um crédito adicional de confiança por pensarem com a cabeça e não com o bolso ou o coração.

Quero que o formador de opinião seja coerente, mas se for dizer algo desatinadamente oposto ao que disse antes, que reconheça isso, com humildade, porque mudar de opinião, às vezes, é um sinal de inteligência e integridade.

Quero ler opiniões que me surpreendam de vez em quando, porque o pensador independente não se torna refém de inclinações políticas ou ideológicas – e nada é mais triste do que ver pessoas inteligentes esforçando-se para tornar plausível um pensamento torto apenas para justificar uma ideologia ou um interesse particular. Ainda assim, quero o conforto de saber que certas pessoas têm a capacidade de iluminar os caminhos mais tortuosos, invariavelmente apontando para a trilha do que é justo e coerente.

A polêmica desta semana, envolvendo o grupo de artistas que defende restrições às biografias não autorizadas, talvez seja lembrada menos pelo assunto em si do que pelo fato de ter colocado sob fogo cerrado dois dos nomes mais emblemáticos da cultura brasileira.

Não me importa que Caetano e Chico tenham opiniões diferentes das minhas – muitas vezes tiveram, inclusive politicamente. O que é triste é ver que emprestaram seu prestígio não a um princípio ou a uma causa maior do que eles, mas a interesses restritos ao seu cercadinho. Pois, levado ao limite, o raciocínio da proteção à privacidade torna impossível publicar qualquer coisa que contrarie o interesse de qualquer pessoa – o que, vamos combinar, é muito parecido com censura. O mais irônico é que justamente esse gesto pode vir a ser a nota mais embaraçosa das biografias dos dois – quando, "apesar de você", elas forem escritas. E serão.

12 de outubro de 2013

# O Piauí é ali

Pouco mais de 300 quilômetros separam os pequenos municípios de Cocal dos Alves e Castelo do Piauí. Quatro horas e meia de viagem, passando por lugarejos com nomes como Piripiri, Piracuruca, Capivara.

Visto daqui, da outra ponta do Brasil, o interior do Piauí é mais remoto do que a superfície de Plutão. As notícias que vêm de lá costumam nos soar como relatos extraordinários de um país distante – que por acaso é o nosso. Mas como para viajar no Google não precisa gasolina, examino o mapa virtual em busca de coordenadas. A distância não parece tão grande, mas os extremos que essas duas cidades representam são difíceis de acomodar em qualquer cartografia.

Castelo do Piauí, vocês lembram, é a cidade onde, em maio, quatro meninas, entre 15 e 17 anos, foram estupradas, torturadas e atiradas do alto de um penhasco por quatro menores e um adulto. Uma das vítimas, Danielly, morreu dias depois. Um dos agressores, Gleison, foi morto na instituição onde cumpria medida socioeducativa sob a proteção do Estado.

Cocal dos Alves, mais ao norte, é uma das 50 cidades com o índice mais baixo de desenvolvimento humano do Brasil. Um professor de matemática de uma escola pública da cidade, porém, decidiu desafiar as estatísticas e o pessimismo. Desde 2005, a escola onde Antônio Cardoso do Amaral leciona já ganhou mais de 150 medalhas e menções honrosas na Olimpíada Brasileira de Matemática. Em 2015, foram três medalhas de ouro, oito de prata e cinco de bronze.

Não sabemos onde estudou Gleison, mas podemos inferir quase tudo sobre sua educação lendo o bilhete que escreveu para a mãe horas antes de ser morto. Com uma caligrafia irregular, mas caprichada, Gleison agradece à mãe por tudo e pede desculpas por não ter sido o filho que ela merecia. A ortografia imperfeita, difícil de decifrar, não deixa dúvida: Gleison passou ileso pela escola. Era um analfabeto que escrevia, como milhares (milhões?) em todos os cantos do país.

A distância que separa garotos que aprendem a gostar de matemática dos que não conseguem aprender a ler ou escrever não precisa ser tão grande quanto a que separa um menino que nasce com todas as chances de outro que convive com a precariedade desde o nascimento. É possível criar atalhos, pontes, caminhos alternativos, como aconteceu em Cocal dos Alves. E quase todos esses desvios – ou todos – passam por uma sala de aula.

É bom imaginar que a estrada que leva a histórias trágicas como a de Castelo do Piauí pode ser interrompida, a qualquer momento, não apenas por prefeituras ou governos (embora haja bastante trabalho para eles), mas também por gestos individuais que desafiam, diariamente, o pessimismo, as estatísticas, o conformismo.

Sozinho não se resolve tudo, mas se faz muita coisa.

25 de julho de 2015

# O nosso 11 de setembro

Houve o 11 de setembro chileno, aquele do bombardeio do Palacio de La Moneda e do golpe militar contra o presidente Salvador Allende, marco inicial de uma ditadura que deixou um saldo de cerca de 3 mil mortos.

Depois veio o 11 de setembro americano, espécie de trailer macabro de todas as questões arcaicas que continuariam vivas em pleno século da globalização e da tecnologia: choque de culturas, fanatismo religioso e o permanente instinto de aniquilação do contraditório que nossa espécie, a duras penas, vem tentando controlar desde o princípio dos tempos.

Na última semana, ganhamos uma pequena placa nessa galeria de infâmias, na categoria desastre moral. Foi no dia 11 de setembro que Porto Alegre virou notícia mundial por conta de uma exposição de arte cancelada, à sorrelfa, na véspera da abertura – depois de uma sequência de gestos de intimidação, ao vivo e na internet, e uma avalanche de fake news espalhadas nas redes sociais por militantes de aluguel tão interessados em arte ou debate de ideias quanto eu em futebol.

Como naquelas imagens de uma Nova York coberta de pó e escombros, Porto Alegre passou a última semana envolta em uma cortina de fumaça tóxica. Cidadãos de boa vontade, contra e a favor da exposição, discutiram temas como os limites da arte e da liberdade de expressão, leis de incentivo, classificação etária e o significado de símbolos religiosos tirados de contexto. Nada de novo no front. Essas são discussões antigas, mas legítimas, porque é da natureza da arte provocar, assim como é da natureza do público leigo reclamar quando não gosta ou não entende.

O problema com o fechamento da exposição *Queermuseu* é que a origem da polêmica tem pouco ou nada a ver com o natural estranhamento que a arte contemporânea costuma provocar. O paciente zero dessa epidemia de indignação fabricada não foi uma senhora carola nascida no tempo do telégrafo, mas moças e rapazes cevados a Google e Snapchat, armados para o combate ideológico com ferramentas de marketing digital e com pouco ou nenhum interesse em arte, religião ou bons costumes – a não ser, claro, como matéria-prima de manipulação. E o que é pior: com um projeto de poder autoritário muito articulado como ideal.

Essa gurizada, que não teve paciência para ler até o fim os manuais sobre liberalismo, com certeza prestou atenção na habilidade de Donald Trump para produzir factoides (Zoofilia? Pedofilia? Blasfêmia?) para manipular a opinião pública e chamar a atenção. Culpar os artistas pelo fechamento da exposição é como culpar os engenheiros pela queda das Torres Gêmeas.

O trágico de toda essa história é que aqueles que ficaram chocados com obras que nunca viram e crimes que não existem não são muito diferentes de todos que compartilham notícias sem ler ou verificar a procedência, julgam fatos que não conhecem, lincham na internet pessoas que não podem se defender e se indignam, seletivamente, conforme o perfil ideológico. Somos todos vítimas e algozes da pressa e da superficialidade, prontos a julgar e condenar sem exigir provas ou evidências. Deu nisso.

Quando o Santander Cultural foi inaugurado, poucos dias antes do 11 de setembro de 2001, Porto Alegre era uma cidade orgulhosa do passado e confiante no futuro. Em 2017, o fechamento sem debate da exposição no mesmo e moralmente apequenado centro cultural tornou-se o símbolo do nosso encolhimento – não apenas econômico, político e cultural, mas simbólico.

Nosso 11 de setembro, na verdade, foi uma implosão.

16 de setembro de 2017

# O OCASO DA CONFIANÇA

Ser ingênuo é um problema, mas não confiar em ninguém pode ser exaustivo – e eventualmente até delirante. Conheci um jornalista que construiu boa parte da sua reputação em redações explorando uma tendência natural para a paranoia. Onde eu via flores e grama verdinha, ele via mentiras, conspirações, tramas secretas. Por um lado, admirava sua habilidade para investigar histórias mal contadas. Por outro, ficava aliviada por ter sido abençoada por uma certa inclinação para ver o lado bom das coisas. Entre o risco de não perceber uma ameaça iminente e um estado de alerta e sobressalto constante, prefiro (e me inclino para) as flores e a grama verdinha.

Às vezes, intuir intenções ocultas e subtexto em tudo, o tempo todo, pode induzir a distorções da realidade tão graves quanto aquelas causadas pelo excesso de credulidade. Foi o que aconteceu com esse meu amigo a certa altura de uma carreira jornalística até então bem-sucedida. Sua intuição foi dando lugar a delírios cada vez mais dissociados dos fatos, até o ponto em que seu saudável ceticismo evoluiu para a paranoia – afetando não apenas seu trabalho, mas outros aspectos da sua vida pessoal. Desconfiava de tudo, menos da própria desconfiança.

A tendência a não confiar em nada tornou-se uma doença, ou melhor, uma epidemia global. É o que aponta um levantamento divulgado recentemente pela empresa de marketing americana Edelman, que há alguns anos vem pesquisando os níveis de confiança da população em governos, empresas, organizações não governamentais e veículos de mídia de diferentes países. (Batizada de "o barômetro da confiança", a pesquisa está disponível no site *edelman.com.*)

Que a confiança no governo desabou nos últimos meses, quase em igual medida, no Brasil e nos Estados Unidos, por motivos óbvios, não chega a ser uma surpresa, mas o que a pesquisa aponta é uma crise muito mais profunda e disseminada, e não necessariamente ligada a circunstâncias econômicas e políticas desfavoráveis. São tantas as vozes se manifestando e tão escassos os valores básicos comuns e a disponibilidade para o diálogo que as pessoas não conseguem mais discernir o que é ou não verdade. Na dúvida, desconfiam de tudo – menos da bolha em que escolhem depositar todas as fichas da sua credulidade.

Uma pesquisa semelhante, conduzida pela Rand Corporation (*rand.org*) e batizada de "a decadência da verdade", chegou às mesmas conclusões e apontou como causas dessa descrença generalizada o avanço das redes sociais, as mudanças na forma como as pessoas se informam, a dificuldade das escolas para preparar cidadãos para esse novo ecossistema da informação e a polarização política e social. A falta de confiança em instituições que costumavam mediar o debate público explica essa sensação de que todo mundo está falando ao mesmo tempo, mas ninguém mais ouve ninguém. A má notícia é que, em meio ao caos e à incerteza, soluções simplórias costumam parecer mais atraentes do que a boa e complexa democracia.

27 de janeiro de 2018

# FREUD E OS CAMINHONEIROS

Em *O futuro de uma ilusão* (um dos títulos que fazem parte da seleta listinha de "livros que mudaram a minha vida"), Freud distingue três formas de autoengano. A primeira é a que ele chama de "erro". Uma pessoa mal-informada, convencida de que a Terra é plana ou de que as vacinas fazem mal para a saúde, está cometendo um erro. Esse tipo de equívoco tem cura, mas exige transfusão imediata de fontes de informação e alguma capacidade de autocrítica.

Já a "ilusão" implica o forte desejo de acreditar em alguma coisa – mesmo contra todas as evidências em contrário. A donzela que espera encontrar um príncipe (ou vice-versa) com quem será feliz para sempre em doce e alegre harmonia cultiva uma das mais antigas e populares ilusões do mundo. Até pode acontecer, claro, mas amores de contos de fadas não são exatamente a regra na vida real. Também nos iludimos quando imaginamos que alguém (mais forte, mais sábio, mais poderoso) será capaz de resolver nossos problemas por nós. Acontece de vez em quando, é verdade, mas geralmente quando ainda somos crianças e a solução de nossos problemas está ao alcance dos superpoderes de uma boa mãe.

Freud chama de "delírio" aquilo que apresenta uma contradição tão grande com a realidade que se aproxima da alucinação psiquiátrica. A donzela, nesse caso, não sonha com um príncipe no sentido figurado, mas com um membro da família real britânica em uma imaginária visita diplomática a Porto Alegre. Usuários de WhatsApp costumam ser abastecidos diariamente com "notícias" que se enquadram nessa modalidade olímpica de autoengano.

Freud escreveu *O futuro de uma ilusão*, em 1927, movido pelo desejo de demonstrar como o nosso irremediável desamparo, como espécie, pode nos levar a trocar a razão pelo alívio fácil do pensamento mágico. A razão nos diz que: 1) desastres acontecem e 2) a morte é incontornável. Não controlamos o destino e, mesmo que tenhamos a sorte de levar uma vida tranquila e sem grandes atropelos, nunca sabemos como essa história vai terminar. Diante dessa sensação de desamparo e fragilidade frente ao que não podemos controlar, uma das respostas humanas mais comuns é a de recorrer à fantasia infantil de que alguém mais forte vai aparecer para nos proteger e salvar. Para a alquebrada Alemanha da época de Sigmund Freud, a resposta veio logo em seguida, na figura de um ditador que se autoproclamava simplesmente "o líder".

Tornar-se adulto, ensina Freud, significa aceitar que quase nada que nos aflige seriamente será resolvido de forma simples e sem o concurso do nosso próprio esforço e sacrifício. Nos últimos dias, surgiram muitas vozes sensatas tentando entender as origens políticas e sociais da delirante campanha pela volta do regime militar, que ganhou fôlego durante a paralisação dos caminhoneiros. Mas o tempo todo eu só me lembrava de Freud: "O ser humano não pode permanecer eternamente criança, tem de finalmente sair ao encontro da 'vida hostil'. Podemos chamar a isso de educação para a realidade".

O Brasil precisa crescer, sim, mas não apenas naquilo que pode ser medido pelo PIB.

31 de maio de 2018

# Medo e raiva

Minha filha mora fora do país e me perguntou quais eram os meus piores medos em relação a uma possível vitória de Bolsonaro.

O que ela queria saber, na verdade, era qual o pior cenário possível. Respondi que não tinha certeza, mas que alguns dos meus medos tinham a ver com questões políticas e econômicas imediatas e outros eram mais abstratos e se relacionavam à forma como as duas metades do país vão interagir nos próximos anos.

Para começar, tenho medo de um governo errático, que agrave a crise econômica ainda mais. Esse medo está diretamente ligado à dificuldade do candidato de se expressar de forma articulada sobre temas como economia, educação, saúde e até mesmo segurança. Até aqui, ele tem sido uma tela branca em que se projetam ideias alheias, muitas vezes contraditórias.

Tenho medo de que a população se arme e a insegurança aumente – e que problemas complexos sejam abordados de forma simplória e ineficaz. Tenho medo da brutalidade como estilo de linguagem e prática política. Tenho medo de que a religião ocupe um espaço exagerado na esfera pública – porque acredito que qualquer ameaça ao Estado laico é uma ameaça à democracia e às liberdades individuais.

Tenho medo de que o desprezo por áreas como cultura e meio ambiente cause prejuízos irreversíveis. Tenho medo de que meus amigos LGBTQ+ não se sintam mais em segurança ao sair de casa. Tenho medo de que a violência contra as mulheres aumente a reboque de discursos que confundem misoginia e discriminação com defesa dos valores da família. Tenho medo que o país fique ainda mais dividido e que negros, indígenas e pobres sejam tratados como cidadãos de segunda categoria. Tenho medo da arrogância e da falta de compaixão.

Tenho medo de que jornalistas sejam agredidos por fazerem seu trabalho e de que a mentira seja usada como estratégia de comunicação. Tenho medo de ter saudades da democracia imperfeita que conheci até este momento. Tenho medo de viver cercada de medos por todos os lados.

O medo e a raiva são os dois elefantes no meio da sala no Brasil de 2018. E o fenômeno é global: "Há muito medo no ar, e o medo bloqueia o pensamento racional, envenena a esperança e impede a cooperação construtiva para um futuro melhor", escreve a ensaísta americana Martha Nussbaum no livro *The monarchy of fear* ("A monarquia do medo"). Para a professora de filosofia da Universidade de Chicago, o medo é a emoção primitiva que nos ajuda a entender a atual divisão da sociedade americana em duas metades que se demonizam mutuamente (lá como aqui).

Pessoas que se sentem inseguras e impotentes para controlar as próprias vidas, diz Nussbaum, tendem a atribuir seus problemas a um determinado grupo (judeus, muçulmanos, refugiados, políticos, reacionários, comunistas...) e sonham com o surgimento de um soberano que prometa livrá-las de todos os perigos – inclusive os imaginários. O medo instaura uma espécie de monarquia absolutista em que nada precisa ser negociado e as diferenças não são levadas em conta, ao contrário do que acontece na democracia. Quem tem medo quer apenas resolver os próprios problemas.

Para Nussbaum, é preciso um esforço coletivo para que volte a ser possível conviver com quem pensa de forma diferente, desarmando espíritos e restaurando a capacidade de cooperação – como pregavam líderes pacifistas como Gandhi, Mandela e Luther King. Para superar a raiva, é preciso superar o medo. E vice-versa.

12 de outubro de 2018

# Nós contra eles

Podemos dizer pelo menos duas coisas a respeito do fascismo sem medo de errar. A primeira é que ninguém gosta de ser chamado de fascista ou se reconhece como tal. A segunda é que nem todo mundo que usa a palavra sabe muito bem do que está falando. "Já ouvi chamarem de fascistas fazendeiros, lojistas, o sistema de crédito social, punição corporal, caçadores de raposas, homossexuais e Gandhi", escreveu George Orwell em 1944.

Anos depois da morte do autor de *1984*, ainda há muita confusão entre uma pessoa que pensa diferente e outra que age de forma a impedir que a diferença de pensamento seja possível – a primeira pode ou não ser fascista, a segunda certamente é. A boa notícia é que a bibliografia sobre o assunto tem aumentado muito. A má notícia dentro da boa notícia é que todos esses livros sobre fascismo e ameaças às democracias liberais não estão chegando às livrarias à toa.

Um dos melhores títulos dessa nova leva de estudos que ajudam os desconfiados a identificarem precocemente os sinais de que a vaca democrática pode estar indo para o brejo deve ser lançado no Brasil até o fim do ano pela editora gaúcha L&PM. *Como funciona o fascismo: a política do "nós" e "eles"*, de Jason Stanley, saiu nos EUA em setembro e chegou ao topo da lista dos livros mais vendidos na categoria filosofia política. O título da resenha publicada no jornal *The New York Times* ajuda a entender por que o livro anda fazendo tanto sucesso por lá: "Seria Donald Trump um fascista?".

A tese central de Jason Stanley é a de que o fascismo é, antes de mais nada, uma estratégia para conquistar o poder. Ou seja: o fascismo não tem ideologia e pode se adaptar a diferentes tipos de discurso. Estudando exemplos do passado e líderes do século 21, Stanley montou uma espécie de kit fascismo básico.

O primeiro ingrediente da receita é a ansiedade. O discurso fascista prospera em momentos de crise, instabilidade e corrupção. Deve-se eleger um inimigo público número 1 (um povo, uma raça, uma ideologia...) e culpá-lo por todos os males – além de insistir no delírio de que, no passado, sem eles, a vida era bem melhor. Aliás, embaralhar verdade e mentira é outra técnica essencial do kit fascismo. Quanto mais as pessoas tiverem dificuldade para distinguir uma da outra, mais facilmente serão manipuladas. É importante também desqualificar professores, intelectuais, jornalistas, artistas, estudantes – porque, enfim, eles são imprevisíveis. *Last, but not least,* movimentos fascistas celebram a masculinidade tosca, de preferência armada, dos gestos gratuitos de violência e intimidação.

"O sintoma mais marcante da política fascista é a divisão. Destina-se a dividir uma população entre nós e eles, apelando para distinções étnicas, religiosas ou raciais e usando essa divisão para moldar a ideologia e, em última análise, a política", resume Stanley. Não por acaso, o espetáculo conceitual, antifascista da primeira à última nota, apresentado por Roger Waters no Brasil ao longo do mês de outubro, chamava-se exatamente *Us +them* ("nós e eles"). Depois de toda a polêmica do período eleitoral, a última frase da turnê brasileira de Roger Waters não foi de enfrentamento, mas um apelo ao desarmamento de corações e coldres: "Cuidem uns dos outros". Cordialidade, respeito, gentileza, amor: todos os bons sentimentos são, em essência, antifascistas. Cuidemos, pois, uns dos outros.

3 de novembro de 2018

# Vulgo

Você pode achar que a vulgaridade da linguagem é o menor dos problemas do presidente da República. Sim, há falhas muito mais graves para efeitos de exercício diário do poder – a dificuldade para assimilar (ou ler no teleprompter) conteúdos complexos e uma certa inapetência para participar de articulações políticas muito complicadas, para citar os exemplos mais evidentes –, mas é a forma como Bolsonaro se expressa publicamente que manifesta de forma mais contundente seus horizontes intelectuais e seu caráter. A vulgaridade é um aspecto da subjetividade que expressa não apenas um estilo, mas uma moral.

Sabemos agora que o episódio *golden shower*, durante o Carnaval, foi apenas o primeiro jato de incontinência verbal do presidente, desdobramento natural do comportamento do deputado que, ao contrário das apostas mais otimistas, não se alterou com o novo cargo e as novas responsabilidades. Palavras grosseiras, piadas constrangedoras, vastas digressões e pensamentos imperfeitos são lançados todos os dias na esfera pública como gases tóxicos na atmosfera. Por menor que fosse a expectativa de quem não votou nele, o que estamos vendo (e ouvindo) desce a barra da compostura a profundidades abissais.

Vulgaridade é um termo de origem latina ligado ao homem comum, ordinário, de baixa extração social – o vulgo. Nos dias de hoje, a palavra costuma estar mais associada a aspectos externos, como um vestido muito curto ou justo, do que à origem social ou à educação. Em certo sentido, sempre é vulgar exibir mais do que se deveria em determinado contexto – seja ambição, dinheiro, impulsos primários ou a própria ignorância. A vulgaridade não deixa nada para a imaginação: impõe-se.

Como vivemos em uma época que valoriza a autenticidade, a vulgaridade muitas vezes é celebrada como manifestação de um espírito genuíno.

Concordo que não há nada mais vulgar do que tentar aparentar o que não se é, mas ser autêntico não é um valor em si. Podemos ser autênticos cafajestes, autênticos estúpidos, autênticos mal-intencionados.

Bolsonaro vai passar um dia, mas cada piada de quinta série, cada referência escatológica, cada ofensa a um turista estrangeiro ou a um jornalista ficará gravada para sempre nos arquivos históricos e na memória dos seus contemporâneos. Como a porta de um banheiro público, nossa História foi vandalizada pela vulgaridade. E essa vulgaridade nos diminui e oprime.

20 de maio de 2019

# O REI DESVAIRADO

"Considerar proveitoso o mal é próprio daquele cuja mente um deus conduz ao desvario: breve tempo viverá alheio ao desacerto."

O soberano desvairado a que o texto se refere não é aquele em que você está pensando, mas o rei de Tebas, Creonte, personagem de *Antígona*, uma das maiores (se não a maior) de todas as tragédias gregas (a tradução que uso aqui é a da coleção pocket da L&PM, assinada pelo mestre Donaldo Schüler). Com Andrea Beltrão no papel principal e ingressos já esgotados, a tragédia de Sófocles será apresentada amanhã no Teatro da PUCRS.

*Antígona* trata da sempre renovada oposição entre as razões (ou desrazões) do Estado e do indivíduo. Filha de Édipo e irmã de Polinice, Antígona luta pelo direito de enterrar o irmão. Creonte considera Polinice um traidor e decide que seu corpo ficará insepulto. Quem ousar desobedecer suas ordens, decreta, há de ter o mesmo destino. Inebriado pelo poder, Creonte não ouve os conselhos de ninguém, nem mesmo os do sábio Tirésias, que alerta para a desumanidade insensata e desnecessária de sua decisão: "A arrogância atrai a loucura. Detém-te ante o morto. Não queira matar quem já morreu. Que bravura há em exterminar um cadáver?".

Elzita Santa Cruz, avó do atual presidente da OAB, foi tão corajosa e incansável quanto Antígona. Lutou até o fim pelo direito de enterrar o filho, Fernando, militante político desaparecido durante a ditadura militar. Em novembro de 1974, escreveu um apelo ao presidente Geisel: "Esta carta é um grito de desespero de uma mãe que há oito meses chora a perda de um filho e espera em vão uma solução para o seu amargo problema".

Dona Elzita morreu em junho, aos 105 anos. Nunca recebeu a resposta que esperava, mas pelo menos foi poupada do espetáculo de desumanidade estrelado pelo presidente da República há alguns dias. Como Creonte, o presidente tentou "matar quem já morreu".

As chances de Bolsonaro aproximar-se voluntariamente de um livro ou de uma sala de teatro me parecem remotas, então imagino que ele não fique chateado com o spoiler: Creonte, o rei que não soube respeitar a dor de uma família e preferiu ignorar a voz de todos os que o chamavam à razão, termina sucumbindo aos próprios erros. Breve tempo viveu alheio ao desacerto.

5 de agosto de 2019

# MEMÓRIAS DO TEMPO DAS MILÍCIAS

Houve época em que a palavra "milícia" era associada a quem combatia o crime – e não a quem vivia dele. Era o tempo do imperador (1852), e um rapazote chamado Manuel Antônio de Almeida começou a publicar no jornal carioca *Correio Mercantil* o folhetim que daria origem ao romance *Memórias de um sargento de milícias* – que por sua vez se passa "no tempo do rei", ou seja, entre 1808 e 1822.

Escrito com a espontaneidade de quem estava protegido pelo anonimato e com o franco objetivo de divertir seus leitores, *Memórias de um sargento de milícias* tornou-se um retrato vivo e saboroso do Brasil do século 19 – ainda hoje muito útil para quem se dedica a estudar a vida cotidiana naquele período.

A mais importante análise do livro seria escrita quase um século depois. No ensaio *Dialética da malandragem* (1970), o crítico Antonio Candido mostra como os personagens do romance oscilam, sem culpa, entre a ordem (a lei) e a desordem (a farsa, o jeitinho, a corrupção, o crime). A começar pelo personagem principal, Leonardo, o sargento de milícias do título, típico gaiato folgado que sempre se dá bem e nunca sente remorso. Mais do que a análise literária propriamente dita, Candido extraiu do romance uma interpretação profunda e original sobre o modo como as coisas funcionavam (ou funcionam) no país em que *tutto è burla*.

Arqui-inimigo de Leonardo, o personagem major Vidigal pode parecer curiosamente familiar aos leitores de hoje em dia. Vidigal era o mandachuva do pedaço, o "árbitro absoluto", que não apenas caçava os criminosos pelas ruas do Rio de Janeiro como julgava e distribuía as penas. Passamos boa parte da história sendo convencidos de que Vidigal era uma espécie de paladino da lei e dos bons costumes. Até que, por interesses pessoais não muito nobres, o personagem acaba entregando-se sem culpa à desordem que dizia combater.

Baseado em um personagem real do século 19, Vidigal parece ter inspirado toda uma linhagem de falsos moralistas do século 21. Alguns deles, diga-se, aproximando-se perigosamente daquilo que hoje conhecemos como milícia.

7 de outubro de 2019

# Histórias que nossas avós não contavam

Nos anos 1980, quando passei uma temporada morando em San Francisco, na Califórnia, os passageiros ainda escolhiam seus lugares nos ônibus obedecendo a uma lei inexistente que separava brancos (na frente) e negros (atrás). O movimento dos direitos civis já era mais velho do que eu, que tinha 20 anos na época, mas as marcas da segregação ainda eram visíveis no dia a dia – mesmo em uma cidade liberal como San Francisco.

Para uma brasileira branca de classe média, capaz de contar nos dedos de uma única mão os colegas negros que teve na escola e na faculdade, o racismo como ele se apresentava nos Estados Unidos era nada menos do que chocante. Não que o racismo no Brasil fosse invisível. Qualquer brasileiro da minha geração tem conhecidos ou parentes que sempre admitiram, privadamente, o próprio preconceito, mas até os anos 1980, se você fosse branco e de classe média, podia passar anos sem ser obrigado a pensar sobre o assunto.

Não sei se o país ficou mais ou menos racista nos últimos 30 anos, mas os números de jovens negros mortos pela polícia na periferia, estampados todos os dias nas manchetes, provam que a máscara do racismo já caiu há muito tempo.

A boa notícia, em meio a tantas ruins, é que a desnaturalização do preconceito está trazendo à tona histórias que não haviam sido contadas ou estavam esquecidas. Escritores como o baiano Luiz Gama (1830-1882), que criou para si mesmo a alcunha "Orfeu de carapinha" e viveu uma vida que por si só já valeria um romance, agora são estudados na universidade, ampliando nossa compreensão sobre a literatura brasileira do século 19, mas também sobre a escravidão e a História do Brasil.

Gama é apenas um dos muitos exemplos de autores que estavam escondidos na poeira das bibliotecas. Muitas histórias como a dele ainda serão redescobertas, e outras tantas serão escritas. Ao encarar a própria História e os próprios preconceitos, o Brasil fica maior e mais bonito, mas também mais complexo.

28 de outubro de 2019

# Uma universidade da cor do seu país

Em minha nova encarnação como estudante, percorro o campus da UFRGS como uma viajante que revisita um país estrangeiro depois de 30 anos – fazendo anotações mentais do que mudou e do que permanece igual, reconhecendo e ao mesmo tempo estranhando a paisagem, as pessoas e a mim mesma nesse cenário.

A estudante que eu fui senta-se ao meu lado na sala de aula – parecida, mas completamente diferente da que eu sou agora. Alguns dos meus professores ainda estão lá, e muitos antigos colegas agora são professores, mas eles também não são mais os mesmos. Essa constante sobreposição de novas experiências e memórias, de nostalgia e expectativa, parece deixar tudo em suspenso, irreal, agudo. Como se eu estivesse realmente a passeio em um país estrangeiro, mas sem nenhuma vontade de voltar para casa tão cedo.

De tudo o que observei nos primeiros meses de exploração desse território redescoberto, nada saltou aos olhos de forma tão imediata quanto o novo arranjo de cores da paisagem humana. No início dos anos 1990, a universidade pública em que eu me formei não era muito diferente das escolas particulares em que eu havia estudado antes. Eram raros os alunos e mais raros ainda os professores negros.

Um levantamento divulgado pelo IBGE na semana passada confirmou o que qualquer um pode observar a olho nu no campus: em 2019, o número de estudantes negros nas universidades públicas superou pela primeira vez o de alunos brancos e está mais próximo da composição da população (pretos ou pardos representam 55% dos brasileiros). Trata-se de uma pequena grande revolução. Não apenas porque parece justo e razoável que a universidade pública seja mais parecida com o país, mas porque a variedade de alunos e suas diferenças provocam transformações no que se pesquisa e no que se ensina, ampliando o conhecimento para novas direções.

O Brasil que conhecemos nunca mais será o mesmo depois que incorporar novos pontos de vista ao saber estabelecido. Será como voltar a um país e descobrir que, na primeira visita, mais da metade dos habitantes estava fora. E não por vontade própria.

18 de novembro de 2019

# Espírito rixoso

O fim do ano está chegando e com ele a obrigação de encarar reuniões familiares nem sempre tão doces quanto um panetone com cobertura de fios de ovos.

Nenhuma família é uma Disney, mas algumas são como um filme de terror dos anos 1950, com esqueletos de mágoas do passado sempre prontos a assombrar os vivos ao menor sinal de tensão no ar. Os pretextos podem ser graves ou tolos: política, futebol, celular, modos à mesa.

Quando um quer, todo mundo briga.

Todos conhecem alguém que usa o confronto como modo padrão de operação. Nada passa despercebido, nada se releva, nada se perdoa. Na dúvida: cascudo, chute nas canelas, tapa na orelha (na melhor das hipóteses, metafóricos). Ninguém está livre, claro, de perder a calma de vez em quando, mas a maioria das pessoas, se pudesse escolher, não gostaria de viver todos os dias de sua vida como se estivesse em uma eterna noite de Natal malsucedida, cercado por pessoas intratáveis que reclamam de tudo e puxam briga até com a sombra do Papai Noel – principalmente se ele estiver de vermelho.

Em 2019, muitos brasileiros sentiram-se como se estivessem presos na festa de Natal de um tio sem modos que conta piadas escatológicas e coloca o som no volume mais alto para implicar com os vizinhos e mostrar que é ele quem manda "nisso tudo daí". A democracia brasileira, com seus poucos altos e muitos baixos, nunca viu um presidente eleito que defende a tortura, um ministro da Educação que odeia estudantes, um secretário de Cultura que odeia artistas, um assessor para assuntos afro-brasileiros que odeia o movimento negro, um ministro do Meio Ambiente que odeia ecologistas.

Examinando como se comportam os personagens do livro *Memórias de um sargento de milícias* (1853), o crítico literário Edu Otsuka cunhou uma expressão que combina muito bem com o ambiente de enfrentamento permanente cultivado por boa parte dos membros do governo Bolsonaro: "espírito rixoso", que pode ser definido como uma inclinação geral para os confrontos por motivos fúteis ou banais, os revides irrefletidos, as picuinhas. "A rixa contrasta com a atitude sóbria, contida, racional e realista normalizada na sociedade burguesa", observa Otsuka, identificando nos impulsos agressivos dos personagens do romance o reflexo de uma sociedade atrasada (o Brasil do século 19) em que estão ausentes outros tipos de mediação.

No século 21, o espírito rixoso encontrou um caldo de cultura perfeito no ambiente de lacração das redes sociais, mas só masoquistas ficariam felizes ao topar com esse tipo de assombração, ao vivo, na festa de Natal. Ou, pior, decidindo o futuro do país.

2 de dezembro de 2019

# A COROA OCA

O que faz de um soberano um grande líder? Ou um tirano? Ou um aleijado moral com indisfarçável vocação para a tirania?

Ninguém foi mais a fundo na investigação do caráter de governantes do que William Shakespeare nas peças históricas em que retrata momentos de honra e infâmia da realeza da Inglaterra. Sim, eu sei, essas não costumam ser suas peças mais amadas e encenadas. Você provavelmente já viu *Hamlet*, *Macbeth*, *Otelo* e *Rei Lear*, no teatro e no cinema, de todos os jeitos possíveis. Talvez tenha até lido alguma das versões para o português assinadas por um dos quatro integrantes da excepcional safra de tradutores de Shakespeare que floresceu no Rio Grande do Sul nos últimos tempos (Beatriz Viégas-Faria, Elvio Funck, Lawrence Flores Pereira e José Francisco Botelho). As chamadas peças históricas são menos populares, talvez mais exigentes – e por isso mesmo injustamente menos encenadas e lidas.

Não faz ideia de quem gritou, em meio a uma batalha, "um cavalo, um cavalo, meu reino por um cavalo"? Não entende por que o crítico Harold Bloom costumava dizer que Falstaff era seu personagem shakespeariano favorito? Fica confuso com tantos Henriques, Eduardos e Ricardos herdando e perdendo a coroa? Seus problemas acabaram. Estão disponíveis no streaming da Amazon Prime Video as duas temporadas da excepcional série britânica *The hollow crown* (algo como "a coroa oca"), produzida pela BBC com supervisão do diretor Sam Mendes.

A primeira temporada (2012) inclui as peças *Ricardo II*, *Henrique IV* e *Henrique V*. A segunda (2016), *Henrique VI* e *Ricardo III*. O elenco é formado por veteranos (Jeremy Irons, Patrick Stewart, John Hurt e Geraldine Chaplin, entre outros) e jovens talentos (Benedict Cumberbatch, Tom Hiddleston). Na opinião de muita gente boa (e minha também), é a melhor adaptação de Shakespeare para a televisão dos últimos 400 anos.

Reis do século 15 ainda hoje podem nos ensinar muito sobre a política, a vida – e todo o resto. Henrique V, por exemplo, deixou de ser um garoto mimado para tornar-se o melhor líder com o qual uma nação poderia contar durante uma guerra. Não, não é impossível que um homem medíocre honre o posto que ocupa tornando-se melhor do que é quando ascende ao poder. O que temos visto no Brasil nos últimos meses, infelizmente, é o exato contrário disso: o que era indigno tornou-se repugnante.

A coroa nunca esteve tão oca.

19 de outubro de 2020

# Profundas trevas

Exatos 50 anos haviam se passado desde o Grito do Ipiranga quando Pedro II achou por bem conhecer um pouco melhor o impávido colosso que lhe havia caído no colo imperial pouco mais de três décadas antes.

Esforços para obter dados objetivos sobre a população brasileira (Quantos somos? Onde moramos? Do que vivemos?) vinham pipocando desde o ano de 1819, pelo menos, mas nenhum argumento havia convencido a família real a tirar a mão da algibeira para bancar os custos da operação. Vai daí que em 2022, junto com o bicentenário da Independência (e, com sorte, o primeiro Dia do Foi-se), vamos comemorar os 150 anos do primeiro censo realizado no Brasil.

Passaram-se quatro anos até os resultados desse primeiro recenseamento começarem a ser divulgados (por motivos de: a calculadora e o computador ainda não haviam sido inventados). Éramos então quase 10 milhões de almas – mas apenas 15% delas seriam capazes de ler essa informação, ou qualquer outra, nos jornais. A profissão mais comum no país era a de "lavrador", seguida por "serviços domésticos" – e mais de 40% das pessoas diziam não ter ocupação fixa. Das crianças de seis a 15 anos, apenas 17% dos meninos e 11% das meninas frequentavam a escola. Cerca de 15% da população era composta por escravizados (na corte, o Rio de Janeiro, esse número chegava a quase 40%).

A reação na imprensa foi de espanto e indignação com o retrato em preto e branco revelado pelo censo de 1872. Os números eram um golpe duro na autoimagem do Império. "Somos um povo de analfabetos!", estampou o jornal *O Globo* na edição de 14 de agosto de 1876. "Luz, luz, luz a jorros!", clamava a revista *Imprensa Industrial*, destacando as "profundas trevas" em que tateia um país que não valoriza a educação – e não conhece a si mesmo, poderíamos acrescentar. Machado de Assis, escrevendo na *Semana Ilustrada*, não foi menos sutil: "E por falar neste animal (*o burro*), publicou-se há dias o recenseamento do Império".

A legislação brasileira prevê que o Censo Demográfico seja realizado de 10 em 10 anos. O último estudo é de 2010 e deveria ter sido repetido no ano passado. Com a covid-19, precisou ser adiado. Este ano, alegando "falta de recursos", o governo federal escapou de mais essa responsabilidade, e o novo recenseamento ficou para 2022. (Se uma oferta de vacina em meio à pandemia pareceu difícil de entender, imaginem uma planilha de Excel cheia de números e letrinhas.)

Luz, luz, luz a jorros. Nunca precisamos tanto.

17 de maio de 2021

# O abusador compulsivo

A diferença entre um relacionamento ruim e um relacionamento abusivo reside, em boa parte, no equilíbrio de forças. Quando um lado tem a prerrogativa de controlar, manipular, subjugar ou mesmo ameaçar a integridade física do outro, a fronteira entre desentendimentos aceitáveis e abuso já foi ultrapassada.

Relacionamentos abusivos sempre existiram, mas a popularização do termo é recente (menos de 10 anos) e está ligada aos avanços do feminismo e ao que hoje se considera tolerável ou não. O termo "abusivo" é delimitado pela época e pela cultura: o que para a geração da minha mãe podia ser considerado corriqueiro (o marido tomar decisões sem ouvir a mulher, por exemplo), para a geração da minha filha é uma atitude inadmissível – portanto, abusiva.

A solução para os relacionamentos abusivos são basicamente duas: reconhecer que se está em um e traçar um plano para escapar. Nenhuma das duas atitudes é simples, mas sem admitir o problema, corre-se o risco de ver os abusos escalando em violência até o ponto de não retorno. Não importa o que um abusador promete ou o que os que gostam dele se esforçam para acreditar, as chances de ele se emendar são remotas, e a melhor saída é a porta da rua.

Você pode não ter se dado conta, mas, como eu, está vivendo um relacionamento abusivo. Casado, solteiro ou até jovem demais para se casar, você está submetido a um presidente que afeta seu equilíbrio psicológico, suas finanças e até sua saúde. Como um abusador típico, esse homem faz ameaças e se descontrola com facilidade. Não demonstra empatia por quem quer que seja e nem mesmo a morte o comove ou extrai dele algum gesto de compaixão. Sua linguagem é violenta, vulgar – e, ultimamente, onipresente.

Acuado, o abusador compulsivo recorre a dois dos seus principais talentos: mentir e ameaçar. Sua presença nos noticiários tornou-se tão opressiva nos últimos dias que todos os problemas parecem encolher diante da necessidade urgente de tirá-lo de casa antes que o pior aconteça. Se é que já não aconteceu.

9 de agosto de 2021

# O homem que odiava crianças

O que pode um general de cara amarrada contra uma menina que sabe o que quer? Até o retorno dos militares ao poder, em 2019, a imagem mais famosa de um presidente interagindo com uma criança era uma fotografia de 1979 em que o general Figueiredo aparece estendendo a mão para uma garotinha que se recusa a cumprimentá-lo. Era apenas birra contra um adulto carrancudo, não um manifesto precoce, mas o que entrou para a História foi o gesto desobediente que refletia o estado de espírito de boa parte da nação naquele momento.

Rachel Clemens morreu em 2015, aos 40 anos. O fotógrafo Guinaldo Nicolaevsky, que registrou a cena em Belo Horizonte, também já morreu. Ambos foram poupados da farta iconografia que vem sendo produzida pelo presidente Jair Bolsonaro em suas interações com crianças. Tudo indica que essas imagens também vão entrar para a História.

Subliminarmente, a foto de Rachel anunciava a Anistia, o fim iminente do regime militar, a volta da liberdade – e mesmo assim a imagem arranca um sorriso de simpatia até de quem apoiou a ditadura. Isso porque a menina na foto era apenas uma criança sendo criança, não uma peça publicitária. As imagens em que Bolsonaro interage com crianças, ao contrário, são armadas (em ambos os sentidos) e sempre envolvem, além do contato físico forçado, algum tipo de violência, real ou simbólica. Seja arrancando a máscara do rosto de um menino, como se investido de um pátrio poder absoluto, seja adotando uma versão tropical da estética talibã ao posar com um garoto de farda e fuzil.

Depois de transformar crianças em anúncios ambulantes de armas, sonegar uma palavra de conforto a quem perdeu os pais durante a pandemia e de colar na própria filha o rótulo de "fraquejada", o presidente continua inovando em suas técnicas de aviltamento infantil. Na semana passada, vetou o projeto que atendia meninas pobres que deixam de ir à escola por falta de condições mínimas de higiene durante a menstruação.

Se Rachel Clemens entrou para a História pela atitude de desafio, o menino do fuzil deve ser lembrado menos pela bizarra arma de brinquedo do que pelo olhar melancólico que deixou escapar – retrato do estado de espírito de boa parte dos brasileiros, de todas as idades, nesta véspera de Dia das Crianças.

11 de outubro de 2021

# Discutindo com zumbis

Algumas ideias não merecem a honra de uma contra-argumentação. Admitir isso não significa ser contra a liberdade de expressão ou a favor da censura. É apenas uma questão de tentar manter elevados os índices da higiene atmosférica, além de uma estratégia para administrar de forma sensata o tempo e a inteligência – duas grandezas tão finitas quanto escassas para a nossa espécie.

Faz sentido discutir como adestraríamos um dinossauro caso um cientista russo conseguisse reproduzir um T-Rex 2.0 em laboratório? Sim, talvez, na ficção, mas não às ganhas, nos telejornais, no plenário do Congresso ou menos ainda em pronunciamentos públicos das autoridades da República. Discutir se a Terra é plana não é muito diferente, mas, por incrível que pareça, fomos obrigados a debater esse assunto como se fosse – sei lá – um assunto.

No século 21, temos alguns problemas graves para ocupar nossos melhores cérebros – e os piores também. Ainda assim, perdemos tempo, desperdiçamos energia, abatemos espíritos. Cada vez mais, ideias desvairadas e personalidades mitômanas têm sequestrado o debate público sem qualquer tipo de cerimônia ou autocrítica: negação das mudanças climáticas, desconfiança em relação às vacinas, defesa de remédios que vendem esperanças falsas, ataques a inimigos fantasmas, disseminação de teorias conspiratórias... A lista não acaba, a paciência, sim.

Pode parecer, à primeira vista, que o mundo simplesmente ficou bananas. Na verdade, o mais provável é que as pessoas não tenham ficado mais burras ou malucas nos últimos anos. Tudo leva a crer que a erosão do debate público é resultado de uma estratégia muito eficiente da extrema-direita para avançar suas pautas: lança-se o antiassunto, todos se escandalizam e em seguida a boiada de leis deletérias e antidemocráticas passa assobiando a nossa frente.

Paul Krugman, vencedor do Prêmio Nobel de Economia em 2008 e colunista do jornal *The New York Times* há 20 anos, parece ter perdido a paciência com a conversa fiada mal-intencionada. Para ele, a neutralidade tornou-se não apenas impossível diante da má-fé de certas discussões, mas moralmente insustentável.

Quando fatos já não abalam pontos de vista enrijecidos por uma seita ideológica, a inteligência morreu antes, ainda que continue caminhando e assustando criancinhas: "Ideias que deveriam ter sido mortas por evidências contrárias, em vez disso continuam arrastando-se pelas ruas, devorando cérebros", diz Krugman. O título do seu último livro, lançado no ano passado nos EUA, não poderia ser mais eloquente: *Discutindo com zumbis.*

8 de fevereiro de 2021

# Se beber, não eleja

Um dia, quando a Era Bolsonaro for apenas um distante equívoco de um passado remoto, alguém talvez use os resultados da pesquisa do Datafolha divulgados na semana passada para ilustrar o estado de dissonância cognitiva em que o país se encontrava em julho de 2021. Dois anos e meio depois de eleger o presidente, a maioria dos brasileiros considera Bolsonaro "desonesto, falso, incompetente, despreparado, indeciso, autoritário e pouco inteligente" (*Folha de S. Paulo*, 8 de julho de 2021). É como acordar de ressaca, depois de uma farra monumental, e descobrir que todas as gafes e erros de julgamento que você cometeu na véspera irão persegui-lo sem clemência pelos quatro anos seguintes. Você já viu esse filme: "Se beber, não eleja".

Vale a pena examinar mais de perto os itens pesquisados pelo Datafolha. No primeiro pelotão, estão os adjetivos mais comumente associados aos políticos com os quais não concordamos. "Desonesto, falso, incompetente, despreparado" é o kit básico do descontentamento – o genérico que costuma traduzir qualquer tipo de mal-estar difuso com relação a quem está no poder. Essas palavras já foram usadas em contextos e com pesos tão diferentes que quase não significam mais nada. Ser considerado "incompetente" e mesmo "desonesto" raramente impediu um político de ser eleito no Brasil.

Quando chegamos aos itens "indeciso" e "autoritário", começamos a nos aproximar daquilo que é particularmente original – e dissonante – em Jair Bolsonaro. Trata-se de um homem que se orgulha de dizer que "tem a caneta", que manda, que faz, que arrebenta, mas ao mesmo tempo costuma terceirizar todas as responsabilidades e não assume a culpa de nada. Não sabe como a economia funciona, ou quem compra as vacinas, ou de onde vem o patrimônio que sua família acumulou nos últimos 20 anos, mas faz questão de dizer que manda em tudo e em todos. Bolsonaro adora ser patrão, mas é incapaz de ser um líder.

De todos os quesitos pesquisados, o que me parece mais revelador é o último: "pouco inteligente". Não porque seja surpreendente, mas pelo significado simbólico. Vivemos em um país que estuda pouco e lê menos ainda. Não é preciso muitas luzes para que alguém seja tratado como "sumidade" ou "doutor". Comer três refeições por dia, ter frequentado a escola e morar em uma casa feita de tijolos já é sinal suficiente de distinção para alçar qualquer um à condição de elite intelectual – e se falar alto e com aspereza, o lorde de subúrbio ainda corre o risco de virar mito.

Não é banal que a maioria dos brasileiros considere o atual inquilino do Palácio da Alvorada um néscio. Mas, sim, pode ter um lado positivo: o país finalmente elegeu um presidente que faz a maioria dos cidadãos se sentir mais inteligente.

12 de julho de 2021

# O ESCOTEIRO E O SOLDADO

Quando uma subprocuradora escreve um parecer contestando a eficácia das máscaras, um senador gasta saliva defendendo um remédio fajuto ou um jornalista espalha desinformações sobre as vacinas, duas coisas podem estar acontecendo. Coisa número 1: não acreditam no que dizem, mas interesses pessoais não declarados (dinheiro, poder, vaidade...) justificam a opção pela desonra pública. Coisa número 2: suas intenções são puras e cristalinas, mas não conseguem avaliar a vastidão da própria ignorância ou as consequências deletérias dos seus erros.

A opção 1 nos leva a um beco sem saída: a desonestidade intelectual. Digamos, para efeitos de raciocínio, que a opção correta seja a de número 2. A pessoa equivocada não obedece a motivações ocultas, mas a convicções íntimas mal assentadas na realidade concreta. Estão nessa categoria quase todos os negacionistas que você conhece pessoalmente: o vizinho que se recusa a usar máscara, o tio que defende o tratamento precoce, o sobrinho que se aglomera na balada, a amiga que não confia em vacinas, o cunhado que ainda acredita no Bolsonaro. A pergunta que nos ocorre é: por que tanta gente se satisfaz com uma versão frouxa e mal ajambrada dos fatos?

Esse é o ponto de partida do livro *The scout mindset: why some people see things clearly and others don't* ("A mentalidade do escoteiro: por que algumas pessoas veem as coisas com clareza e outras não"), da pesquisadora com formação em estatística Julia Galef. A autora sugere que há basicamente duas maneiras de raciocinar: como um escoteiro e como um soldado. O escoteiro é aquele que busca mapear o terreno antes de acampar – qualquer informação nova relevante pode alterar seus planos e encaminhá-lo para outra direção. O soldado, por sua vez, é treinado para não questionar seu objetivo e defendê-lo até o fim. O soldado e o escoteiro são arquétipos, ou seja, modelos usados para ilustrar uma ideia. Ninguém é um perfeito soldado ou escoteiro em todas as circunstâncias – e todos somos capazes de encontrar ótimas justificativas para nossos autoenganos.

Galef propõe algumas atitudes básicas para não nos afastarmos muito do escoteiro que mora dentro de nós: procurar "pontos cegos" dentro do próprio raciocínio, testar pressupostos e, se for o caso, admitir o erro e mudar de ideia. Como princípio, tentar ver como as coisas são e não como gostaríamos que fossem. Nem sempre é simples, mas é muito mais seguro do que montar a barraca em cima de um ninho de cobras.

23 de agosto de 2021

# Pactários

Riobaldo acredita e não acredita no diabo: há e não há. Não tem certeza se vendeu a alma em troca de força e poder, mas intui que é nos crespos do homem que se esconde o verdadeiro redemoinho da maldade. "O demônio não precisa de existir para haver – a gente sabendo que ele não existe, ali é que ele toma conta de tudo."

No outro lado do mundo, mais ou menos na mesma época, Adrian Leverkuhn recebeu a visita de um representante do demo em pessoa. A criatura, que pode ou não ser fruto de um delírio, apenas anuncia ao incrédulo interlocutor que o pacto já está firmado: nos anos seguintes, o jovem compositor irá concretizar suas mais altas ambições criativas. Em troca, Leverkuhn deve renunciar a tudo que traz calor à alma. Ou seja, precisa abdicar do amor em todas as suas formas.

O jagunço brasileiro e o compositor alemão fazem parte de uma longa tradição de pactários da literatura universal. *Doutor Fausto* (1947), de Thomas Mann, e *Grande sertão: veredas* (1956), de Guimarães Rosa, lançam mão de um mito de origem medieval para esquadrinhar não apenas as atormentadas almas de seus protagonistas, mas suas circunstâncias históricas: a Alemanha que produziu o nazismo, no caso de Mann, e o Brasil da jagunçagem (que mais tarde seria também o das milícias), no caso de Rosa.

Em um ensaio publicado em 1960, o crítico Roberto Schwarz (meio austríaco, meio brasileiro) apontou pontos em comum entre os dois romances. Schwarz mostra que as duas narrativas, em registro realista, têm como eixo um esforço de interpretação dos fatos que marcaram a trajetória dos seus personagens centrais. Riobaldo, narrando sua história para um interlocutor silencioso, e Serenus Zeitblom, escrevendo a biografia do seu amigo genial, examinam o passado para lhe dar um novo significado. Nesse contexto, o mito do pacto com o diabo estaria associado a uma espécie de consciência histórica. Como cheguei até aqui? Que preço foi pago? Que culpas deveria expiar? Que lições posso extrair desses episódios?

Durante a ditadura, parte dos militares brasileiros firmou um pacto com o mal absoluto ao chancelar uma de suas manifestações mais abjetas, a tortura. Qualquer justificativa é insustentável, mas havia no ar um "há e não há" apoiado na tese de que as figuras de comando do Exército desconheciam o que acontecia nos porões do regime. Os áudios inéditos das sessões do Supremo Tribunal Militar revelados na semana passada provam que o pacto foi firmado com a plena consciência dos pactários.

Ao eleger um presidente que abertamente celebra a tortura, o Brasil descobriu da pior forma possível o que acontece quando decidimos abrir mão da consciência histórica. Se não acertarmos devidamente nossas contas com o passado, nunca nos livraremos dessa assombração. O demônio não precisa existir para haver.

25 de abril de 2022

# O HOMEM QUE ODIAVA MULHERES

A polarização política se transformou em polarização social, e a disputa não é mais entre partidos, mas entre grupos sociais. Para sustentar essa tese, o cientista político Felipe Nunes reuniu alguns dados extraídos de uma pesquisa da Genial/Quaest em um fio publicado no Twitter. O levantamento mostra que: 1) ricos se dividem, mas pobres votam Lula (56 x 22); 2) brancos se dividem, mas pretos votam Lula (59 x 23); 3) Sul se divide, mas Nordeste vota Lula (61 x 22); 4) homens se dividem, mas mulheres votam Lula (50 x 24).

Vamos nos deter um pouco nesse último item.

A pesquisa Datafolha divulgada no final de maio destacou a preferência do eleitorado feminino por Lula e a forte rejeição a Bolsonaro, tendência que se espalha por todas as faixas etárias, classes sociais e inclusive entre as evangélicas. "Aversão a Bolsonaro é dominante entre mulheres pobres e ricas", mancheteou o jornal *Folha de S. Paulo* no dia 30 de maio.

Ignorando metade do seu eleitorado potencial, Bolsonaro sempre fez questão de forjar a imagem de arauto da misoginia triunfante – aquele tipo de desprezo pelas mulheres que muitos homens sentem, mas poucos têm coragem de expressar publicamente de forma tão tosca. Encontrou seu nicho entre os eleitores apresentando-se como defensor de brinquedinhos masculinos, as armas, e porta-voz daqueles que sentem vontade de gritar um bom "quem manda aqui sou eu" dentro de casa de vez em quando. Não surpreende que, como presidente da República, sonhe em se comportar da mesma forma.

O ressentimento contra as mulheres que Bolsonaro encarna não se limita à perda do mando de campo dentro de casa, estendendo-se à disputa por espaços no mercado de trabalho (no início do ano, Eduardo Bolsonaro chegou a atribuir à contratação de mulheres o desabamento de um trecho de asfalto na Marginal Tietê) e aos novos modelos de comportamento impulsionados pelo feminismo.

Em sua versão cotidiana, a misoginia se manifesta no recreio do colégio, no vestiário do clube, na mesa de bar, no escritório, no estádio de futebol... Em sua versão mais letal, alimenta as estatísticas de violência doméstica. (Dados apresentados no Dossiê dos Feminicídios no RS, da organização Lupa Feminista, mostram que 95 mulheres foram mortas no Estado em 2021 nesse tipo de crime, uma a cada 3,8 dias.) A misoginia nem precisava de Bolsonaro para prosperar no país, mas a presença de um garoto-propaganda no Palácio do Planalto sinaliza para os ogros que é OK sair da toca.

Mulheres rejeitam Bolsonaro não apenas pelo que ele faz e diz ou pela visão de mundo que ele representa, mas porque ele é uma ameaça real e imediata para todas nós.

6 de junho de 2022

# Sinais luminosos

Na taxonomia do golpismo nacional, já é possível identificar três espécies de negacionistas eleitorais: patrocinadores, operários e devotos.

1) Patrocinadores são políticos, empresários ou líderes religiosos que insuflam as manifestações pró-golpe enviando recursos materiais ou mensagens de apoio mais ou menos explícitas ("Não desanimem! Algo bombástico vai acontecer nas próximas 72 horas!"). 2) Operários são os que são pagos para executar tarefas encomendadas pelos patrocinadores – seja bloquear estradas, servir refeições nos acampamentos ou espalhar a ideia de que é absolutamente natural contestar o resultado de uma eleição. 3) Devotos são os que emprestam seu tempo e sua energia para uma causa em que de fato acreditam.

Das três espécies, a última me parece a mais intrigante. Não exatamente pelas convicções ideológicas antidemocráticas, mas pela forma como esses manifestantes se comportam quando estão em grupo: mais impetuosos e intolerantes, mais violentos e muito menos racionais do que cada indivíduo em particular. Entre os muitos vídeos com cenas risíveis que viralizaram nas últimas semanas (homem pendurado na dianteira de um caminhão, militantes cantando o hino em volta de um pneu...), Porto Alegre destaca-se como o cenário de duas das imagens mais compartilhadas. Na primeira, mulheres enfileiradas diante de um quartel recitam um jogral que pede liberdade e ditadura militar – ao mesmo tempo. Na segunda, gravada durante a noite, manifestantes com celulares sobre a cabeça enviam sinais luminosos para alguma entidade superior não identificada (drones, generais ou ETs, não fica claro).

Há nesses flagrantes de humor involuntário um componente teatral que reforça a coesão do grupo, imagino. Para o observador externo, restam a ressaca cívica, a perplexidade e a necessidade de tentar entender o que está acontecendo ali – e não apenas do ponto de vista ideológico.

Muita gente vem se debruçando sobre o tema da radicalização e da adesão acrítica a teorias conspiratórias nos últimos anos. Infelizmente, o fenômeno ultrapassa as fronteiras e as circunstâncias históricas do Brasil. Duas abordagens breves e acessíveis para qualquer um que se interessa pelo assunto: o documentário *The brainwashing of my dad* (2015), sobre um caso de radicalização relacionado ao consumo de fake news nas redes sociais, disponível no YouTube, e *Lavagem cerebral* (2021), quinto episódio da série *Explicando a mente*, da Netflix. A leitura obrigatória continua sendo o artigo *Psicologia das massas e a análise do eu* (1921), publicado quando nem mesmo o rádio havia chegado ao Brasil.

Às vezes, só mesmo Freud para explicar.

28 de novembro de 2022

# Cegueira seletiva

A destruição começou antes, muito antes. Só não viu quem não quis ou não conseguiu ver – talvez intoxicado pelos vapores de desinformação e radicalismo que se espalharam pelo país como um gás venenoso e inflamável. Nos últimos quatro anos, o quebra-quebra foi o único projeto levado adiante consistentemente do primeiro ao último dia de governo. Nem os romanos deixaram tantas ruínas para os historiadores do futuro. Ainda assim, parte da população escolheu o autoengano e a cegueira seletiva: acreditou no que quis, viu o que escolheu ver. A fatura dessa inconsequência foi cobrada ontem em Brasília.

Muito antes da invasão dos prédios públicos deste domingo, os despojos do saque colocado em marcha a partir de 2019 já se amontoavam por todos os lados. Impossível ignorar o número de mortos da covid-19 e não se perguntar quantas vidas poderiam ter sido poupadas se Bolsonaro tivesse comprado vacinas na hora em que elas se tornaram acessíveis. Impossível não notar a devastação da Amazônia, articulada diligentemente com o apoio das autoridades que deveriam, por lei, protegê-la. A cegueira seletiva preferiu ignorar os dois maiores crimes que o governo Bolsonaro cometeu, talvez porque fossem grandes demais. Confortáveis com o que não viam (e satisfeitos com o que achavam que viam), pediram mais quatro anos de qualquer jeito – mesmo à força, mesmo contra a Constituição. Uma coalizão política nos salvou da hecatombe.

Na última quinta-feira, uma reportagem exibida pela Globonews exibiu sinais bem mais prosaicos de destruição. O estado em que Jair e Michelle Bolsonaro deixaram o Palácio do Planalto não é, nem de longe, a pior parte do legado de incúria deixado pelo casal antes de fugir do país, mas ofereceu uma imagem de fácil assimilação por qualquer dono ou dona de casa: móveis depredados, infiltrações no teto, pisos arrebentados, obras de arte valiosas atiradas no chão ou deixadas ao sol, para desbotar. Inquilinos relaxados. Foi isso o que tivemos no poder durante os últimos quatro anos. E não apenas como metáfora. A invasão de ontem foi o arremate da obra.

9 de janeiro de 2023

# O ano da peste

# Uma mão lava a outra

Para quem está saudável, financeiramente estável e sem pessoas frágeis ou doentes para se ocupar no dia a dia, as aflições da quarentena vão e vêm como ondas de um oceano de humor imprevisível. Um dia, está tudo tão calmo que quase esquecemos que estamos trancados em casa há quase três semanas. No outro, somos derrubados pelo medo, pela insegurança, pelas fantasias macabras. Nenhum resguardo ou fortaleza doméstica improvisada são capazes de nos proteger da nossa própria imaginação.

Esta semana, uma onda de tamanho médio, imprevista, me apanhou distraída em uma agência dos Correios. Em meio a tantas notícias mais graves, me escapou o fato de que o envio de encomendas internacionais foi suspenso por tempo indeterminado. O pacote que eu havia preparado com carinho para enviar para a pequena cidade de Minot, North Dakota, nos confins do Meio-Oeste americano, voltou intacto para casa. Mesmo não sendo nada muito urgente ou importante, a sensação era de que eu havia ficado ainda mais longe da filha que estou impedida de visitar porque as viagens também foram canceladas.

Pais separados dos filhos por um oceano e uma pandemia são pessoas em constante estado de sobressalto e com muitos números e estatísticas médicas na cabeça, mas não posso reclamar. Minha filha saiu de Nova York assim que a universidade cancelou as aulas, na segunda semana de março. Em North Dakota, que neste momento tem menos de 1% do número de casos de covid-19 registrados em Nova York, foi acolhida pela generosidade da família de uma amiga, que vai hospedá-la pelo tempo que for necessário.

Assim como essa gentil família americana, que não hesitou em receber em casa uma estudante brasileira que precisava sair de Nova York, milhões de outras pessoas ao redor do mundo estão inventando maneiras de amenizar aflições alheias impostas pela pandemia. Os problemas são de todos os tipos e se espalham por todos os lados. Falta sabão, falta comida, falta emprego, falta leito, falta máscara, falta inclusive liderança (e como). O que não pode faltar, neste momento, é disposição para olhar para fora da própria fortaleza (nem que seja pela janela) para descobrir alguma forma de ajudar.

6 de abril de 2020

# Agora, agora e mais agora

Um tempo que passa, mas não passa: corre parado. Paisagens congeladas na janela, louças empilhadas na pia, sapatos que não caminham, pessoas próximas que vemos de novo, de novo e mais de novo.

Quando tudo isso tiver passado, vou lembrar que sobrevivi comendo nada além do que aquilo que eu mesma cozinhava – lendo mais livros do que um bibliófilo medieval condenado à prisão perpétua, vendo mais filmes do que um cinéfilo da Nouvelle Vague e encontrando menos amigos e conhecidos do que seria psicologicamente recomendável. Vou lembrar das aulas online, das reuniões virtuais, dos abanos a distância e de um podcast com um título que tem tudo a ver com esses dias em *looping* de mais do mesmo: *Agora, agora e mais agora.*

Produzido pelo jornal português *Público* e apresentado pelo historiador Rui Tavares, *Agora, agora e mais agora* é uma série sobre história e filosofia que se estende do ano 900 até 1948, data da Declaração Universal dos Direitos Humanos. Apesar de falar quase o tempo todo sobre o passado, o podcast também reflete sobre temas atuais, como fanatismo, polarização e globalização. A ideia é apresentar o "lado B" da História, ou seja, dar destaque para personagens menos conhecidos – como o filósofo muçulmano Al-Farabi (872-950), que ajudou a conservar o pensamento de Aristóteles para a posteridade. Figurinhas conhecidas, como Dante, Thomas More, Lutero e John Stuart Mill, também marcam presença, mas as estrelas do programa são aqueles homens e mulheres que povoam as notas de rodapé dos livros de História.

Recomendo o podcast para qualquer um que se interesse pela história das ideias, mas também para quem anda meio desanimado com a baixa cotação das causas coletivas e o avassalador retorno do populismo e da mentalidade tribal. *Agora, agora e mais agora* celebra o poderoso fluxo de ideias que se encadearam ao longo dos séculos para levar adiante princípios como democracia, justiça e liberdade. Entre avanços e recuos, desvios e obstáculos – e uma eterna e feroz contracorrente –, esse rio subterrâneo de valores humanistas continua sendo nossa melhor chance de sobrevivência.

12 de outubro de 2020

# A CONSTRUÇÃO DA IGNORÂNCIA

O neologismo "agnotologia" (do grego "agnosis" ou "não conhecimento") foi cunhado por Robert N. Proctor, professor de história da ciência, no livro *A construção e a desconstrução da ignorância* (2008). Proctor usa como exemplo de disseminação da ignorância, ou "agnotologia", a forma como a indústria tabagista manipulou dados com o objetivo de confundir a opinião pública sobre os malefícios do cigarro – enquanto isso ainda era possível.

O estudo partiu de um memorando intitulado *O tabagismo e a proposta de saúde*, que veio a público em 1979 e revelou táticas da indústria do cigarro para conter o avanço das campanhas antitabagistas. "A dúvida é o nosso produto. A dúvida é a melhor maneira de competir com o volume de informação que existe na mente do público. É o meio de gerar controvérsias", diz o documento. Em resumo: plante a dúvida, a teoria da conspiração, o estudo científico fajuto, o gráfico mal-interpretado, por mais absurdos e disparatados que pareçam. Agnotos ingênuos, ou mal-intencionados, farão o resto do trabalho.

Não sendo especialista em nenhuma área do conhecimento formal, o presidente Jair Bolsonaro vem se mostrando uma sumidade internacional em agnotologia. A forma como embaraça fiapos de informação científica para tecer seu discurso desconexo é uma obra-prima de construção da ignorância. Em outras circunstâncias, os efeitos dessa irresponsabilidade talvez demorassem um pouco a aparecer. Em meio a uma pandemia, podemos assistir em tempo real aos resultados práticos da disseminação de mensagens sem embasamento científico a respeito do isolamento social e do tratamento da doença.

Se, como presidente, Bolsonaro tornou-se garoto-propaganda de um remédio sem comprovação científica, como deputado assinou o projeto que autorizava o uso da "pílula do câncer", a fosfoetanolamina. A eficácia e a segurança da cloroquina no tratamento da covid-19 ainda não foram testadas como deveriam, já a pílula do câncer é um embuste fartamente comprovado. Não chega a ser surpreendente o desprezo do presidente pelas evidências científicas: Bolsonaro não entende, não gosta e se sente ameaçado por tudo que envolve conhecimento, educação, cultura e civilidade. Mas há algo por trás dessa reincidente inconsequência farmacêutica que ilustra a essência do populismo praticado por políticos como Donald Trump e Jair Bolsonaro. Vender soluções fáceis para problemas complexos é a mais antiga das empulhações políticas, mas ainda seduz parte do eleitorado. A agnotologia, como o crime, muitas vezes compensa.

13 de abril de 2020

# Erros médicos

Há dois tipos de médicos: os que exercitam a medicina e os que praticam marketing (de si mesmos, de remédios ou de preferências ideológicas). O primeiro time inclui todos aqueles que vêm arriscando suas vidas para honrar a profissão. Na segunda categoria estão os que não apenas trocaram a ciência pelo pensamento mágico, como se sentem autorizados a defender publicamente remédios e tratamentos sem eficácia ou segurança comprovadas. Em plena pandemia.

Garotos-propaganda de jaleco são nefastos por tantos motivos diferentes que é difícil manter a serenidade do raciocínio, mas vou tentar. Aqui vão cinco motivos por que os médicos que têm se comportado como animadores de torcida me tiram do sério:

> 1) **Promovem a automedicação** – Desde antes da invenção do esculápio, médicos têm alertado pacientes sobre os riscos de medicamentos usados sem orientação. O que Dr. Cloroquino faz? Manda todo mundo tomar o mesmo remédio – geralmente citando estudos fajutos e ignorando todos os outros.

> 2) **Ferem a ética** – O Conselho Federal de Medicina afirma que é proibido fazer propaganda de tratamentos não reconhecidos. Decisões dentro do ato médico em particular estão preservadas, mas fazer apologia de um remédio não comprovado, em lives ou redes sociais, é cruzar a linha eticamente aceitável.

**3) Tiram o foco do que funciona** – Todo mundo gostaria de acreditar em milagres, mas, por enquanto, o que sabemos que funciona é ficar em casa quando possível, usar máscara e manter o distanciamento. Ao vender curas instantâneas, Dr. Cloroquino aumenta a probabilidade de mais pessoas ficarem doentes por não terem agido como deveriam para proteger a si mesmas e aos outros.

**4) Malbaratam a ciência** – Um médico que minimiza a importância dos rituais da ciência recorre a que fontes para formar sua opinião? A suas próprias convicções – e convicções podem ser enganosas. Sabem o que a homeopatia, a fosfoetanolamina e a cloroquina têm em comum? Torcedores demais, evidências de menos.

**5) Politizam a doença** – Movidos por interesses políticos, os presidentes do Brasil e dos EUA tornaram-se crentes de uma cura mágica. (O nosso, inclusive, queimou dinheiro público nesse altar.) Ao chancelar opiniões sem embasamento científico, muitas vezes por mera simpatia ideológica, médicos estimularam a politização de um assunto que deveria permanecer protegido das paixões, dos leigos e dos espertalhões.

20 de julho de 2020

# Aliança

Lembro exatamente da primeira vez em que ouvi um discurso antivacina. Onde: pousada bucólica no interior do Rio Grande do Sul. Quando: no tempo em que fake news eram conhecidas apenas como "boatos".

A dona da pousada onde eu estava hospedada, uma ex-hippie que até então tinha me parecido perfeitamente paz e amor, exaltou-se tentando me convencer de que as vacinas faziam mal. Tratei de continuar ouvindo com aquela cara de pastel que costumo adotar quando não quero discutir nem passar a impressão de que estou concordando. Mas fiquei com a pulga atrás da orelha. De onde vinha aquele *nonsense* todo? Mais tarde, descobri que não era um caso isolado. Um estudo fajuto, já fartamente desmentido, associando vacinas ao autismo, tinha dado origem ao tal movimento antivacina, no final dos anos 1990. Coisa de gringo maluco, pensei, aqui não pega. Pegou.

Uma pesquisa publicada na semana passada na revista científica *The Lancet* mapeou o índice de confiança nas imunizações ao redor do mundo. Foram ouvidas 284 mil pessoas em 149 países. No Brasil, entre 2015 e 2019, a confiança na eficácia da vacinação desabou de 76% para 56%. Fake news, instabilidade política e extremismo religioso são apontados como os principais fatores que têm impactado negativamente as campanhas de vacinação. As consequências mais imediatas desses números também vieram a público na última semana: pela primeira vez, em quase 20 anos, o Brasil não atingiu a meta para nenhuma das principais vacinas indicadas para crianças de até um ano.

O curioso nesse movimento que coloca sob suspeita uma das maiores conquistas científicas do século 20 é a exótica coalizão que parece ter se estabelecido entre gente que defende um estilo de vida alternativo e antimaterialista – ex-hippies como aquela dona de pousada antivax – e a extrema-direita "vamos asfaltar a Amazônia enquanto espalhamos fake news". Nos Estados Unidos, essa aliança heterodoxa tem surgido também entre apoiadores da QAnon, a mais escalafobética de todas as teorias conspiratórias já inventadas.

Duas tribos que pareciam não ter nada em comum descobriram, enfim, sua afinidade: o ódio ao "sistema", seja lá o que isso signifique. Um dos poucos casos em que um acordo entre polos opostos pode ser uma péssima notícia.

14 de setembro de 2020

# História nacional da infâmia

Nos últimos nove meses, grandes e pequenas infâmias relacionadas à pandemia dividiram espaço nos noticiários com gestos de coragem, solidariedade e resiliência. De desvios de dinheiro a aglomerações irresponsáveis, da disseminação de informações falsas à reivindicação de privilégios indevidos, não foram poucas as situações em que cupidez, parvoíce e o mais espesso egoísmo ditaram o comportamento das autoridades e do cidadão comum.

Inspirada em Jorge Luis Borges, que reuniu a mais genial galeria de canalhas da literatura no livro *História universal da infâmia* (1935), montei meu próprio ranking de tipos infames que tiveram seus minutos inglórios durante a pandemia:

> 1) **Fura-filas** – A vacina nem chegou e já tem gente tentando passar na frente dos outros. Uma carta assinada por promotores do Ministério Público de São Paulo pediu que a categoria fosse incluída em uma das etapas prioritárias da vacinação contra a covid-19. Por quê? Porque eles acham que é justo.
>
> 2) **Malandros** – Gente capaz de gastar R$ 600 em um jantar com amigos no fim de semana achou perfeitamente legítimo solicitar a ajuda emergencial destinada às famílias mais pobres. Por quê? Porque é preciso levar vantagem em tudo, certo?
>
> 3) **Cloroquiners** – O Brasil não é o único país onde continuam a circular notícias falsas sobre curas e tratamentos

já descartados por estudos científicos. Como nos EUA e na Índia, disputas políticas estão por trás da insistência em disseminar informações falsas que acabam enfraquecendo as medidas que ajudam a frear o contágio.

4) **Bandidos** – Não foi só aqui que as compras emergenciais de respiradores e equipamentos de proteção criaram novas oportunidades para criminosos de gabinete, mas nenhum país produziu cena mais bizarra do que a do senador da República apanhado com notas escondidas lá onde todo mundo preferia não saber.

5) **Perversos** – O tempo vai passar, a vacina vai chegar e um dia a pandemia deixará de ser uma ferida exposta. As picuinhas políticas, as trocas de ministros, a gestão incompetente, tudo isso pode ficar meio esquecido. Mas algumas coisas tendem a ficar gravadas em bronze na memória. Palavras ditas pelo presidente da República nos últimos meses – "e daí?", "é só uma gripezinha", "não sou coveiro", "todos vão morrer um dia", "temos que deixar de ser um país de maricas" – serão lembradas para sempre como um dos pontos mais baixos não só desta pandemia, mas de toda a nossa História.

7 de dezembro de 2020

# ANTIVAX NÃO PRATICANTE

De todos os personagens infames produzidos pela pandemia (o médico cloroquiner, o jornalista desinformante, o presidente que faz propaganda de remédio...), um dos mais inusitados é o "antivax não praticante".

Não sei quem cunhou a expressão, mas o sentido é mais ou menos autoexplicativo. Trata-se daquele sujeito que reclama do passaporte vacinal, confia mais no tio do Zap do que nos cientistas e considera o tenista Novak Djokovic um modelo de bravura – mas, por via das dúvidas, tomou suas três doses de vacina assim que pôde. Quando for levantado o sigilo imposto por Jair Bolsonaro ao seu cartão de vacinação, vamos ficar sabendo se o presidente da República faz parte dessa peculiar linhagem de negacionistas capazes de voluntariamente injetar no próprio corpo aquela mesma substância que vituperam nas redes sociais, nas festas de família e no bar da esquina.

A passos lentos e mais ou menos firmes, vamos nos encaminhando para 70% da população com esquema vacinal completo. Se o governo federal não se esforçasse tanto para atrapalhar, esse índice poderia até ser mais alto. Para nossa sorte, a campanha contra as vacinas não emplacou no Brasil, e a maior prova disso é o nosso "antivax não praticante" e sua incurável – e altamente transmissível – dissonância cognitiva.

Em um país que já produz tipos como o crente a favor de armas, o gay enrustido que faz discurso homofóbico, o meritocrata que não perde a chance de furar uma fila e o paladino da moralidade que falsifica atestado e sonega impostos, pregar uma coisa publicamente e fazer outra em casa é quase uma paixão nacional.

Esse desconcerto entre prática e discurso não foi inventado ontem. O esforço para negar ou apagar as próprias origens tampouco é novidade, mas o jornalista Sérgio Camargo levou a um novo patamar esse tipo de desinteligência existencial. O presidente da Fundação Cultural Palmares, que não acredita em racismo e despreza o movimento negro, agora decidiu rebatizar o órgão com o nome da Princesa Isabel – a mulher branca que deu um canetaço abolicionista aos 45 do segundo tempo do século 19, quando a escravidão já era uma vergonha mundial impossível de ser sustentada por muito mais tempo.

Sérgio é filho de Oswaldo Camargo, poeta e escritor reconhecido como uma importante liderança intelectual do movimento negro. Discordar do pai, em alguns casos, pode até ser sinal de lucidez. Discordar da realidade nunca é.

13 de janeiro de 2022

# Cotovelos

Ignorado pelos espelhos, algoz dos corações partidos, malvisto até mesmo quando se distrai sobre a mesa à hora das refeições, o cotovelo nunca passou de um coadjuvante no grande espetáculo da anatomia humana. Que poeta cantou em versos os cotovelos da mulher amada? Que hino celebrou a articulação de todos os braços contra a tirania dos pontapés? Que resquício de vaidade repousa sobre essa esquina quase esquecida de nós? Esquerdo ou direito, o cotovelo é nosso mais *gauche* ângulo reto.

Em 2020, enquanto alguns perdiam a cabeça e outros se afligiam com a saúde dos pulmões, os cotovelos assumiram protagonismo inédito no espaço público. Ponto de contato possível em tempos de distanciamento, os toques de cotovelo tomaram as ruas, as conferências de imprensa, os pronunciamentos oficiais. O gesto, porém, não nasceu com a covid-19. Ganhou destaque em 2006, com a gripe aviária, em uma espécie de adaptação evolutiva do toque de punho fechado. Voltou em 2009, com a gripe suína, e em 2014, com o ebola, antes de tornar-se fenômeno global, em março, junto com as primeiras providências contra o avanço da pandemia.

Quando os apertos de mão foram cancelados, estabeleceu-se uma breve disputa de popularidade entre o abanico, o "namastê", o toque de pés e o de cotovelos. O abanico é prático, mas frio. O "namastê" é bonito, mas não combina com todo mundo. Pés são meio desajeitados no protocolo do encontro. Já o suave toque das pontinhas dos cotovelos consegue evocar tanto a delicadeza do beijo quanto o meio do caminho entre um abraço e um aperto de mão.

Quem imaginaria que um gesto de tradição tão breve seria adotado em tantos lugares do mundo em tão pouco tempo? Quem apostaria que os cotovelos poderiam tornar-se funcionais, eloquentes, calorosos? A princípio meio constrangidos, aprenderam logo a transmitir respeito, cuidado, alegria e até mesmo amor. Um toque, nada mais do que um toque ("que pode haver de maior ou menor que um toque?", escreveu Walt Whitman), é tudo o que os humanos querem, é tudo de que os humanos precisam.

28 de dezembro de 2020

# FELICIDADE É

Imagine uma escada com degraus numerados de zero a 10. No zero, está a pior situação em que você consegue se colocar, a desgraça absoluta, o alçapão no fundo do poço, um navio encalhado no Suez. No 10, está a felicidade mais luminosa, o Nirvana na Terra, a área VIP da plenitude. Agora, examine friamente o ano que passou e responda: entre o fundo do poço e o Nirvana, em que degrau você ficou mais tempo estacionado em 2020?

Esse modelo, conhecido como Escada de Cantril, foi aplicado por pesquisadores das Nações Unidas para medir o quanto a pandemia afetou a percepção de bem-estar em diferentes países do mundo. Os resultados foram apresentados em uma reportagem publicada em 20 de março, Dia Mundial da Felicidade, na revista *The Economist.* Os mais felizes, os finlandeses, pontuaram, em média, um pouco abaixo de 8 (ou seja: se o Nirvana existe, ninguém mora lá). Os menos afortunados, os zimbabuanos, um pouco acima de 3. O Brasil, no pelotão do meio, não passaria por média no meu colégio: 6,1.

A grande surpresa da pesquisa foi que os índices de satisfação em 2020, comparados ao período de 2017 a 2019, não apenas se mantiveram estáveis como melhoraram um tantinho. Em média, claro. Alguns países, o Brasil entre eles, mergulharam no baixo-astral. Ainda assim, o mal-estar não parece ter se espalhado tão globalmente quanto o vírus. Pessoas mais velhas, por exemplo, tendem a enfrentar a crise com otimismo e resiliência, mesmo sendo o grupo mais afetado pela covid-19 – enquanto a garotada tem mais dificuldade para lidar com a perda da vida social e a insegurança com relação ao futuro.

Outra conclusão da pesquisa é que os fatores que levam as pessoas a se sentirem mais satisfeitas em relação às próprias vidas são os mesmos que ajudam os países a enfrentar melhor a pandemia – e esses fatores podem ser resumidos em uma única palavra: confiança. Um país em que as pessoas confiam umas nas outras, nas instituições e no governo é um país feliz.

29 de março de 2021

# O DESINFORMANTE

Síndrome do Impostor é aquele padrão psicológico que leva pessoas talentosas a desconfiarem das próprias habilidades. Não importa o quão bem-sucedidas e reconhecidas elas sejam em suas profissões, nada diminui a dolorosa percepção íntima de que não merecem a posição que ocupam.

No extremo oposto do autoflagelo encontramos a paz de espírito proporcionada pelo chamado Efeito Dunning-Kruger – mecanismo de ilusão de superioridade descrito nos anos 1990 pelos psicólogos Justin Kruger e David Dunning. Os dois pesquisadores demonstraram que a ignorância costuma gerar muito mais certeza do que o conhecimento. Ou seja: quanto menos uma pessoa sabe sobre um determinado assunto, mais pode ser levada a acreditar que sabe tudo o que precisa saber – ou mais.

Durante a pandemia, eclodiu uma variante altamente perniciosa do Efeito Dunning-Kruger: a Síndrome do Especialista Desinformante. OK, ele estuda (ou estudou) alguma coisa um dia, mas a certa altura parece ter perdido o interesse em aprofundar seus conhecimentos na matéria que acredita dominar. Ainda assim, faz pose de quem sabe mais do que todo mundo em volta – e nesse caso "mundo" pode significar um eloquente consenso global de cientistas. Sabem onde foi parar aquela autoconfiança que falta a quem sofre da Síndrome do Impostor? Pois é. O Especialista Desinformante bebeu tudo. Mas não se enganem, esse cidadão não está apenas equivocado, defasado, iludido. Por trás de cada opinião que emite em público, há algum tipo de agenda oculta: dinheiro, poder, influência, projeção. Não existe desinformação de graça.

O Desinformante dá entrevistas, aconselha políticos, mostra gráficos, distorce números. Faz profecias que nunca se realizam, erra, erra de novo, erra mais uma vez. Ainda assim, nada abala sua autoconfiança ou seu tom quase sempre sereno de falso domínio dos fatos. O Especialista Desinformante parece ter desenvolvido um escudo à prova de evidências. Namore alguém que olhe para você como o Desinformante olha para si mesmo no espelho.

Será que ainda acredita no que diz? Será que algum dia acreditou? Será que à noite, antes de dormir, duvida daquilo que proclama diante das câmeras e secretamente sofre um leve espasmo da Síndrome do Impostor? Nunca saberemos. Mesmo cercado de mortos por todos os lados, o Especialista Desinformante prefere morrer a admitir que estava errado.

5 de abril de 2021

# Tenda dos milagres

Não consigo acompanhar o raciocínio de quem acredita em energia das mãos, memória da água, terapias quânticas – ou em remédios milagrosos receitados ao arrepio da ciência. Minha alucinação, como a do Belchior, é suportar o dia a dia e as coisas reais.

Ainda assim, entendo o fascínio das soluções mágicas. Enquanto a ciência nos obriga a aceitar que nem todas as doenças têm cura, nem todas as perguntas têm respostas e nem tudo o que sabemos é suficiente, a tenda dos milagres oferece alívio imediato – pelo menos psicológico. Quando admitimos que não sabemos tudo, continuamos perguntando, testando, medindo, comparando resultados – até acertar. O problema das soluções mágicas é que, além de não resolverem os problemas, criam uma sensação ilusória de segurança que, em alguns casos, pode ser fatal. ("Não tema, com Smith não há problema", costumava dizer o vilão de *Perdidos no espaço* pouco antes de colocar em risco as vidas de todos os tripulantes da Júpiter 2.)

A incrível história das terapias fajutas não começou no ano passado, com a cloroquina e as outras curas fantásticas sacadas da cartola bolsonarista, nem cinco anos atrás, com a pílula do câncer (fetiche do então deputado Jair Bolsonaro, um dos autores do projeto de liberação da fosfoetanolamina, sancionado pela presidente Dilma Rousseff e barrado depois pelo STF) –, embora ambas compartilhem o mesmo garoto-propaganda especialista em absolutamente nada. O que não faltam, no Brasil, são as terapias baseadas no "funciona pra mim" – muitas delas disponíveis no SUS.

Este pode ser um bom momento para nos perguntarmos o que, além da politização do assunto, tornou o Brasil um terreno tão fértil para a alucinação coletiva do tratamento precoce. E o que podemos fazer, no futuro, para proteger pacientes e suas famílias das falsas promessas dos vendedores de milagres.

26 de abril de 2021

# A PRIMAVERA DO ABRAÇO

Cruzar por acaso com uma pessoa querida que fazia anos você não via. Entregar-se a um abraço apertado, afetuoso, sublinhando a satisfação do reencontro com uma suave oscilação dos corpos de um lado para o outro. Em Porto Alegre, esse carinho coreografado tem nome: "abraço de brique". O brique, claro, é o da Redenção, local onde porto-alegrenses caminham, tomam mate e, em condições ideais de temperatura e epidemiologia, abraçam e são abraçados. Muitas vezes com aquele balancinho entusiasmado no final.

Neste momento, o retorno triunfal do abraço de brique, sem hesitações ou protocolos, é o desejo de 100% dos porto-alegrenses – inclusive aqueles que não são muito chegados a demonstrações públicas (e expansivas) de afeto. Abraçar sem medo de contágio, sem carteirinha de vacinação, sem perguntar quem o amigo andou abraçando nos últimos 14 dias.

Mas mesmo quando a vacina estiver disponível para todos e os índices de ocupação das UTIs tiverem retornado a números aceitáveis é possível que o abraço de brique continue confinado à esfera doméstica por algum tempo antes de voltar à praça pública ou ao calçadão da José Bonifácio. A primavera do abraço depende da recuperação da confiança em larga escala – e confiança não se recupera assim, de um dia para o outro. Ou por decreto.

Aqui em Nova York, mais de 50% dos adultos receberam pelo menos a primeira dose da vacina. Na semana passada, foram liberados os passeios e exercícios ao ar livre sem máscaras, e o prefeito Bill de Blasio anunciou que 100% das atividades interrompidas pela pandemia devem ser retomadas em 1º de julho. Em setembro, se tudo der certo, voltam os musicais da Broadway. Nas ruas, porém, ainda reina a cautela. A maioria das pessoas continua usando máscaras e mesmo entre conhecidos já vacinados as saudações se mantêm protocolarmente distanciadas.

No mesmo dia em que se tornou oficialmente OK dispensar as máscaras em ambientes abertos, levei meu nariz e meu queixo, despidos, para passear. Pode ser que o alívio seja provisório e que as máscaras passem a fazer parte das nossas vidas, de um jeito ou de outro, para sempre. Mas, por enquanto, qualquer sinal de otimismo é suficiente para transformar uma simples caminhada em uma grande marcha pela esperança.

3 de maio de 2021

# Efervescência coletiva

Cheguei a pé ao clube de jazz perto de casa, onde fui assistir ao meu primeiro show ao vivo depois de 18 meses. Sentei no balcão, pedi uma cerveja e fiquei aguardando o espetáculo começar. Havia pessoas de todas as idades em volta, mas uma mesa especialmente animada me chamou a atenção. Eram homens e mulheres na faixa dos 70 anos – ou mais – que saíram de casa no domingo à noite para ouvir música e se divertir com os amigos. Deixaram de ser grupo de risco, pensei. Eram sobreviventes – como eu, você e todo mundo que atravessou a pandemia e foi alcançado a tempo pela vacina.

Sobrevivente era também o lugar onde estávamos. O Birdland é um dos clubes de jazz mais tradicionais de Nova York, mas quase entregou os pontos durante a pandemia. Graças à mobilização de artistas e frequentadores, o dono, Gianni Valenti, conseguiu honrar seus compromissos. Como agradecimento especial ao público, o preço dos ingressos naquela noite era o mesmo praticado em 1949, quando a casa foi inaugurada: 99 centavos.

Quando subiu ao palco para apresentar a atração da noite, a Arturo O'Farrill and The Afro Latin Jazz Ensemble, Valenti falou do aperto dos meses anteriores e da alegria de voltar a ver a casa cheia. Antes mesmo de a banda começar a tocar, todo mundo que estava ali – artistas, espectadores, funcionários da casa – sabia que aquela seria uma noite inesquecível e não apenas porque os músicos eram bons. Depois de tanto tempo de isolamento, o maior espetáculo da Terra era voltar a fazer parte de uma plateia.

No início do século 20, o sociólogo Émile Durkheim criou um conceito que ajuda a entender o que estava acontecendo ali. Sabe aquela alegria que a gente sente quando está em volta de uma mesa com os amigos?

Ou com os colegas de trabalho criando um projeto novo? Ou em um estádio comemorando um gol? Efervescência coletiva. Na alegria e na tristeza, emoções são contagiosas e poucas coisas nos trazem mais contentamento do que compartilhar um sentimento, uma vibração, um estado de espírito. Foi isso que a pandemia roubou de todos nós. E é isso que, aos poucos, vai trazer a vida de volta ao mais ou menos normal.

19 de julho de 2021

# Nem presa nem morta

# Ainda não é hora

A discussão sobre o aborto é uma gigantesca placa tectônica sobre a qual o Brasil repousa como se fosse esplêndido – e não instável e malresolvido – o berço em que estamos precariamente assentados.

Todos sabem que o problema está lá: uma legislação perversa que, na prática, oferece um olhar condescendente às mulheres de uma classe e a dureza da lei para todas as outras. Os números impressionam. Estima-se que no mundo todo são realizados cerca de 46 milhões de abortos por ano, 20 milhões de forma clandestina – em países como Haiti, Somália e Iraque, para citar apenas alguns dos que preferem proibir a discutir o problema. No Brasil, as estimativas chegam a 1,2 milhão de abortamentos por ano.

Ainda assim, fala-se muito pouco sobre o assunto por aqui. Políticos, em geral, não querem nem saber do debate, a não ser perto da eleição, quando candidatos ligados a grupos religiosos aproveitam-se da ocasião para pressionar adversários a se posicionar – o que, em vez de enriquecer a discussão, costuma rebaixá-la ainda mais.

Nós, brasileiros favoráveis à revisão da legislação sobre o aborto, estamos relativamente acostumados ao silêncio cínico, interrompido aqui e ali por vozes isoladas como a do médico Drauzio Varella ("Não há princípios morais ou filosóficos que justifiquem o sofrimento e morte de tantas meninas e mães de família de baixa renda no Brasil."), que trata o assunto como uma questão de saúde pública que não pode ser varrida para baixo do tapete. O resto é silêncio.

E quando nada parecia pior do que ignorar o assunto, eis que a novela *Amor à vida* (o título não era tão amorfo quanto se imaginava) mostra como tratar o tema de forma rasa e moralista. Em capítulo exibido esta semana, o médico interpretado por Antonio Fagundes trai a ciência, o bom senso e o dever profissional, aproveitando uma consulta para dar um banho de moral e pregação religiosa na pobre paciente que o procurou para pedir ajuda diante de uma gravidez indesejada.

É compreensível que um médico se recuse a realizar um procedimento ilegal. É compreensível que esse médico seja contra o aborto por convicções íntimas. O que não se admite, nem na novela das oito, é um médico que dá sermão em paciente. Sem contraponto ou chance de debate, a posição contrária ao aborto foi jogada na cara do espectador. Como um tijolo.

Para quem acredita que é impossível falar sobre esse assunto na TV, o desmentido pode estar logo ali, alguns canais adiante. O Canal Viva está exibindo aos sábados, desde o início de maio, a reprise do seriado *Malu mulher*, que, entre outros temas polêmicos ainda atuais, tratou o aborto de forma espantosamente madura. Em 1979. Em pleno governo Figueiredo. No horário nobre da Globo.

O episódio *Ainda não é hora*, com a jovem Lucélia Santos contracenando com Regina Duarte, está disponível no DVD da série. Recomendo fortemente aos mais jovens, que não assistiram na época, e também aos mais velhos, que, como eu, mal conseguem acreditar que, em condições tão adversas, pudesse se produzir algo tão corajoso no Brasil.

1º de junho de 2013

# A CADA UM A PRÓPRIA CRENÇA

Se é impossível discutir política ou economia de forma totalmente racional e distanciada, imaginem quando o que está em jogo é uma convicção íntima muito mais abstrata: o que é a vida e quando ela se inicia. Não é difícil entender por que poucos assuntos despertam reações tão apaixonadas quanto o aborto.

É assim no mundo todo, mas, no Brasil, o tema ferve naquele caldo de passionalidade que envolve quase todos os aspectos da nossa vida – para o bem e para o mal. Temos o cacoete de ver o outro não apenas como alguém que pensa diferente, mas como uma criatura monstruosa, amoral e insensível, que de preferência deveria ser aniquilada, para glória dos justos e honra dos inocentes.

Em muitos países, a Justiça tem sido chamada a arbitrar esse dissenso. Nos Estados Unidos, foi a Suprema Corte que decidiu, em 1973, que as leis contra o aborto violavam o direito constitucional à privacidade. A decisão obrigou que leis federais e estaduais que restringiam o aborto fossem modificadas. Na França, um processo semelhante deu origem a um debate público que culminou, em 1975, na despenalização da interrupção da gravidez. Na Itália, o aborto também é legal desde os anos 1970, mas os ginecologistas têm o direito de se recusar a realizar o procedimento.

Por aqui, podemos continuar tratando o aborto como um tema que não deveria nem sequer ser discutido, já que, aparentemente, a maioria prefere que tudo permaneça como está. Ou podemos admitir que, para políticas públicas, as convicções íntimas da maioria nem sempre são o melhor legislador.

O entendimento, por parte da 1ª turma do Supremo Tribunal Federal, de que a interrupção da gravidez até o terceiro mês de gestação não deve ser considerada um crime recoloca o tema em debate. "O Estado não deve tomar partido nessa briga. Ele deve permitir que cada um viva a própria crença", defendeu Luis Roberto Barroso, ministro do STF. E eu não poderia concordar mais.

2 de dezembro de 2016

# *SÍ, SE PUEDE*

Se o feminismo fosse um meio de transporte (e em certo sentido é), minha mãe (1933) andava de charrete, eu (1966) dirijo um carro e minha filha (1998) pilota um avião. Cada uma de nós se deslocou, e se desloca, da maneira possível para sua época e seus talentos, mas, consciente ou inconscientemente, estamos abrindo caminho para que as gerações seguintes andem um pouco mais rápido e cheguem um pouco mais longe.

Minha mãe estudou pouco e parou de trabalhar quando se casou, no final dos anos 1950, mas foi muito mais livre e independente do que a mãe dela, que nasceu no século 19 e criou 11 filhos. Minha filha completa 20 anos em algumas semanas, e costumo brincar que o plano profissional mais modesto dela é se tornar presidente da República – e quem a conhece sabe que a brincadeira tem lá um certo fundo de verdade.

Entre os sonhos possíveis da minha mãe e os sonhos ilimitados da minha filha, faço parte da geração que se beneficiou das primeiras ondas do feminismo e se surpreendeu com a radicalidade das novas demandas – que envolvem sutilezas de linguagem e de atitude que seriam consideradas impensáveis há 10 ou 15 anos. Ou seja: não somos as mulheres que fizeram (ou estão fazendo) a história. Somos a coluna do meio, as mães e avós das mulheres que, oxalá, viverão em um mundo em que a violência de gênero não será tolerada e os salários e as posições de poder serão distribuídos com mais equilíbrio. Ou assim deseja a maior parte de nós.

Aos 52 anos, começo a pensar que talvez não viva para ver o Brasil sair da lista dos países com os maiores índices de feminicídio do mundo (em 2017, estávamos na quinta posição) ou para ver um Congresso com uma representação de gênero mais próxima da realidade (em 2014, apenas 9,9% dos deputados federais eleitos eram do sexo feminino), mas ainda não desisti de ver a legislação brasileira sobre o aborto chegar ao século 21.

Muita gente acredita que legalizar o aborto é mais difícil do que acabar com a corrupção ou resolver o problema da violência. Eu não. Por mais que o assunto seja um veneno eleitoral, evitado por todos os candidatos que encaram chances concretas de eleição. Por mais que muitos homens se deem ao luxo de poder ignorar o assunto, e muitas mulheres evitem o debate por motivos religiosos. Por mais que o conceito de "vida" seja manipulável, e os direitos das mulheres de decidirem sobre o próprio corpo sejam facilmente colocados em segundo plano: os sinais estão chegando por todos os lados. No caso do Rio Grande do Sul, bem do lado.

A lei que permite o aborto até a 14ª semana, apenas por decisão da mulher, aprovada na madrugada histórica do dia 14 na Câmara dos Deputados da Argentina, vai agora para o Senado. Se tudo der certo, a Argentina pode passar a ser um dos três países da América Latina, junto a Uruguai e Cuba, que permitem o aborto em qualquer circunstância e por decisão da mãe nos primeiros estágios da gravidez. Atualmente, todos os países ocidentais do norte têm legislações de aborto mais avançadas do que os latino-americanos. Mas esse quadro pode estar começando a mudar. Pelo Sul.

Não é sonhar alto demais esperar que a minha geração possa ser aquela que vai ganhar um pé de página na história como a que ajudou a diminuir o mapa do atraso no nosso continente. *Sí, se puede.*

16 de junho de 2018

# A menina no porta-malas

Dentro de um porta-malas. Uma menina negra e miudinha abraça uma girafa e um sapo de pelúcia. Dentro de um porta-malas. A dor no corpo franzino sacudido de um lado para o outro, o medo do escuro, a falta de ar, o desamparo. Dentro de um porta-malas.

Órfã de mãe, pai na prisão, avós vendedores de coco em uma praia do Espírito Santo, a menina no porta-malas era abusada desde os seis anos por um tio. Ninguém notou os quatro anos de violência, tampouco a gravidez, até a vigésima segunda semana. Nenhum parente, nenhum vizinho, nenhum professor. Na vida, como no porta-malas, invisível.

Em casos como o dela, comuns no Brasil, o aborto é legal. Sem confusão, sem gritaria, longe das pregações religiosas ou do sensacionalismo ideológico: basta ir a um hospital que ofereça serviços de ginecologia. Não é necessário boletim de ocorrência, exame ou autorização judicial. A palavra da vítima é suficiente. Por que então essa menina precisou viajar para outro Estado e se esconder dentro de um porta-malas para ser atendida?

Duas circunstâncias, uma antiga e outra mais recente, ajudam a entender como foi possível submeter uma vítima a uma nova rodada de violências – exposição, intimidação, ameaças e, por fim, o infame trajeto no porta-malas. A primeira é a dificuldade histórica para fazer cumprir a lei nos casos em que o aborto é permitido. Longo é o calvário das mulheres pobres que buscam seus direitos na rede pública. (Para as outras, existem as clínicas clandestinas.) Há estados em que nenhum serviço de aborto legal é oferecido e outros em que o atendimento é negado. A maioria das vítimas de estupro nem sabe que tem esse direito.

A novidade no episódio da menina do Espírito Santo foi o vazamento de informações e a rede de militantes digitais mobilizados para transformar uma tragédia familiar em bucha de canhão na guerra ideológica. Uma coisa é ser contra o aborto, outra é incitar uma turba de lunáticos a se postarem na frente do hospital onde o procedimento seria realizado, fazer ameaças à família, constranger profissionais de saúde, impedir o cumprimento da lei.

A imagem de uma menina de 10 anos, grávida, obrigada a se esconder no porta-malas de um carro para conseguir entrar em um hospital escancara a insensatez e a brutalidade que tomaram conta do debate sobre o aborto no Brasil – ainda hoje um dos países mais atrasados do planeta nessa discussão. Nunca vi o mundo de dentro de um porta-malas, mas a sensação de desamparo, escuridão e falta de ar é cada vez mais comum aqui fora também.

24 de agosto de 2020

# *Hermanas*

Cultuar o passado, os antepassados, os velhos costumes, a tradição e o jeito como tudo sempre foi tem a enorme vantagem de garantir a coesão de uma família, uma comunidade, um país. Infelizmente, nada se torna bom ou legítimo apenas porque é um hábito antigo. Tradições podem ser injustas, cruéis e até estúpidas. Costumes tornam-se ultrapassados quando a sociedade muda, e o mesmo acontece com a Justiça: leis podem perder o sentido, a ponto de precisarem ser reescritas ou simplesmente abandonadas.

O problema é que ventos de mudança geram desacomodação e desconforto. Nessas circunstâncias, o passado é o único território onde o sonho de uma vida protegida de imprevistos ainda parece viável. Ao contrário do presente, sempre em movimento, e do futuro, sempre imprevisível, o passado está congelado no tempo. Não morto, porque ainda afeta nossas vidas, mas suficientemente constante para que seja encarado como um modelo ideal em momentos de instabilidade. Não por acaso, as fantasias nostálgicas são o último refúgio dos políticos sem capacidade, ou interesse, de se colocar a serviço da democracia. Prometa que o mundo vai parar de girar e sempre vai aparecer uma legião de voluntários dispostos a bombardear os eixos da Terra em nome da paz.

A inércia, por sua vez, também trabalha pela conservação dos costumes, das tradições e das leis que perderam o sentido. Para mudar qualquer coisa, é preciso esforço, mobilização, negociação, paciência – e esperança. Essa foi a aula magna sobre democracia que as argentinas nos deram na semana passada. Por mais de 20 anos, mulheres de todos os espectros políticos se uniram para lutar pela legalização do aborto – dialogando, aparando diferenças, buscando representação política, manifestando-se nas ruas e dentro de casa. Estabeleceram três reivindicações básicas para a campanha: "educação sexual para decidir, anticoncepcional para não abortar, aborto legal para não morrer". Foram derrotadas pelo menos cinco vezes no Congresso, mas continuaram acreditando que era possível mudar aquilo que um dia foi considerado um consenso inabalável. Não era.

No Brasil também não precisa ser.

4 de janeiro de 2021

# Retrocesso

A submissão feminina era um princípio enraizado em leis e costumes no século 18. Aristocratas e plebeus, sábios e analfabetos, crentes e céticos, todos concordavam que suas filhas e esposas eram inferiores física, intelectual e moralmente – e não faltavam teorias furadas para tentar explicar por que uma metade da espécie havia sido programada para mandar na outra.

Em 1791, uma escritora chamada Olympe de Gouges tentou emplacar uma ideia revolucionária entre a rapaziada que estava armando a Revolução Francesa: e se a gente incluísse as mulheres na Declaração dos Direitos do Homem? E se a mulherada fosse livre para estudar, trabalhar, casar, se separar do marido, casar de novo (ou não) e ter filhos quando quisesse? Não ia ser massa? A conversa, claro, não foi adiante. Não apenas porque ninguém se interessou pelo assunto, mas porque a autora da ideia perderia a cabeça (literalmente) em 1793. Do outro lado do Atlântico, a recém-promulgada Constituição dos EUA também não convidava negros e mulheres a participar da festa da democracia. Naquela época, vejam só, a falta de coerência não parecia estragar o sono de ninguém.

De lá para cá, a revolucionária ideia de que homens e mulheres deveriam ser iguais perante a lei avançou, aos trancos e barrancos, em quase todo o planeta. Parte do pacote de direitos que vêm sendo conquistados ao longo dos últimos 250 anos (estudar, votar, concorrer a cargos públicos, ir e vir sem pedir amém para o marido ou o pai...), a legalização do aborto ainda é uma das causas em disputa no século 21. Felizmente, o consenso de que o direito sobre o próprio corpo é o mais básico de todos tem empurrado a legislação para frente. Desde 1994, 59 países (inclusive nossos vizinhos Argentina e Uruguai) expandiram o direito das mulheres de decidir se o pacote de células que carregam no útero deve ou não virar um ser humano dentro delas. Se a Suprema Corte derrubar a decisão que tornava inconstitucional a proibição total do aborto pelos estados, os EUA entrará para o pequeno grupo de países que foi na direção contrária – junto com Polônia, El Salvador e Nicarágua.

Esse retrocesso não é casual. A maioria dos americanos segue acompanhando a tendência de apoio à flexibilização de regras: 59% dos adultos dos EUA acreditam que o aborto deveria ser legal em todos ou na maioria dos casos, enquanto 39% acham que o aborto deveria ser ilegal em todos ou na maioria dos casos. Dois fatores explicam a marcha à ré histórica: a recente transformação do aborto em bandeira política do conservadorismo (nem sempre foi assim) e uma série de manobras colocadas em prática pelo Partido Republicano com o objetivo de impor a opinião da minoria conservadora no Senado e na Suprema Corte.

Coerência continua não sendo o forte quando se trata de direitos das mulheres: boa parte dos que se dizem "pró-vida" são também a favor da pena de morte.

9 de maio de 2022

# A Rosa que fala

Lembro o valor exato do saldo na minha caderneta de poupança no dia 16 de março de 1990, quando o Plano Collor foi anunciado: zero cruzeiros e nenhum centavo. Aos 23 anos, morando sozinha e com um salário que mal dava para as contas do mês, assisti ao confisco da poupança com a serenidade emocional de quem não estava diretamente envolvida no problema. Muitos não tiveram a mesma sorte. Para quem estava guardando dinheiro para viajar, comprar uma casa, fazer uma cirurgia, pagar a faculdade, fechar um negócio ou apenas sentir-se um pouco mais seguro diante de um imprevisto, o Plano Collor foi devastador – e não doeu apenas no bolso. Quando uma instância com poder coercitivo se coloca entre você e seus planos ou sonhos a dor é, antes de tudo, moral. Depois do trauma de 1990, o consenso que se formou em torno do assunto foi tão grande que uma emenda constitucional de 2001 proibiu a edição de medidas provisórias que sequestram bens, poupança e outros investimentos. Desse tiro ninguém mais morre.

Seria um enorme avanço civilizacional se a maior violência contra o livre-arbítrio aninhada na nossa Constituição provocasse o mesmo tipo de indignação: a restrição do acesso ao aborto legal e seguro aos casos de estupro, feto anencefálico e risco de vida para a mãe. Não é preciso ter um útero para entender por que um procedimento realizado por tantas brasileiras todos os dias (ricas e pobres, crentes e sem religião, casadas e solteiras, mães de família, adolescentes e um número indecente de crianças) é uma questão grave de saúde pública. Ainda assim, a maioria dos homens parece se dar ao luxo de manter a serenidade emocional diante do problema. Para surpresa de zero pessoas, partiu de uma mulher a manifestação mais consistente sobre autodeterminação feminina e direitos fundamentais envolvidos na decisão de interromper uma gravidez.

"A maternidade é escolha, não obrigação coercitiva. Impor a continuidade da gravidez, a despeito das particularidades que identificam a realidade experimentada pela gestante, representa forma de violência institucional contra a integridade física, psíquica e moral da mulher, colocando-a como instrumento a serviço das decisões do Estado e da sociedade, mas não suas", escreveu a ex-ministra do STF Rosa Weber em seu histórico voto a favor da descriminalização do aborto até a 12ª semana de gestação.

Essa porto-alegrense discreta e corajosa, que completa hoje 75 anos, entra para a História como a Rosa que fala – mas apenas nos momentos certos. Bate outra vez com esperanças o meu coração.

2 de outubro de 2023

# Bucha de canhão

Quando um país dá uma guinada brusca rumo à teocracia (aquele regime em que só vale a crença de quem já está no poder), mulheres e crianças pobres são as primeiras vítimas. Isso porque oprimir a população feminina é o primeiro mandamento do manual básico do fanático religioso. Além de acalentar a misoginia ancestral que corre em águas não tão profundas, a tática sinaliza virtude avançando sobre a liberdade de quem não está fazendo as leis – ou carregando as armas.

Parece uma realidade distante de nós, uma praga que só prospera em sociedades atrasadas, onde até mesmo o conteúdo dos livros sagrados é distorcido para justificar leis cada vez mais restritivas e excludentes. Bem-vindos a 2024, meus amigos. Com o avanço da extrema-direita na Europa e nos EUA, a vanguarda do atraso virou *benchmarking*. E nada faz brilhar mais os olhinhos do político de extrema-direita do que tirar da cartola uma boa campanha contra o aborto. Aconteceu nos EUA, em 2022, com a reversão da decisão Roe x Wade. Na Europa, na semana passada, durante a cúpula do G7, a primeira-ministra de direita da Itália, Giorgia Meloni, tentou excluir a defesa do aborto "legal e seguro" do documento final da reunião. Não deve dar em nada, mas Meloni se cacifa na direitosfera.

E aí chegamos ao Brasil. Como invocar o bicho-papão no país que já tem uma das legislações mais atrasadas do mundo em relação ao assunto? Criando um projeto de lei que piora o que já é ruim, dificultando o aborto nos três casos em que é legal (risco de vida para a mãe, estupro e feto anencéfálico) e equiparando as penas de quem aborta às de quem comete homicídio. As consequências, se um projeto como esse fosse aprovado, seriam devastadoras, principalmente para as milhares de meninas de 10 a 14 anos estupradas todos os anos no Brasil. Meninas que demoram a descobrir que estão grávidas. Não por acaso, o projeto ficou conhecido como PL do Estuprador: em caso de estupro, puna-se a vítima.

A votação da urgência, aprovada em 23 segundos, dá um novo sentido ao termo. A pressa da bancada evangélica, na verdade, era uma resposta abrutalhada a uma discussão em curso no STF sobre assistolia fetal, procedimento recomendado pela Organização Mundial de Saúde para interromper a gestação depois da vigésima semana que o Conselho Federal de Medicina, vejam só, quer proibir – mesmo nos casos em que o aborto é legal. Resta saber se o presidente da Câmara pautou a votação porque considerava a questão "urgente" ou porque está preocupado com o próprio futuro político.

Acreditem no que quiserem as senhoras e senhores de Santana, mas Deus não tem nada a ver com isso. É só o bom e velho oportunismo político, tão nosso conhecido, soprando para o lado da extrema-direita no momento – e usando a vida de mulheres e crianças de verdade como bucha de canhão.

17 de junho de 2024

Edição e design gráfico
Clô Barcellos

Revisão
Célio Lamb Klein

Capa
Foto de Leopoldo Plentz: *# 20, Berlim, 2011*
Faz parte da série *Através do espelho* (*www.leopoldoplentz.com*)
e das coleções:
ABACT Associação Brasileira de Arte Contemporânea;
Coleção de Joaquim Paiva;
Coleção de Ivonci e Evelin Iochpe;
Coleção de Milton Guran.

Dados Internacionais de Publicação na Catalogação
Daiane Schramm CRB-10/1881

---

L827r Laitano, Cláudia
Recado dos dias./Cláudia Laitano. – Porto Alegre: Libretos, 2024.
184p.; 14 x 21 cm
ISBN 978-65-86264-89-0
1. Crônicas. 2. Jornal. 3. Comunicação. 4. Zero Hora. 5. Literatura.
I. Título.
CDD B869.93
CDU 82-94

---

Catálogo sistemático
Jornal: CDD 070
Comunicação: CDD 652

Libretos
Rua Peri Machado, 222, Bloco B/707
Bairro Menino Deus, Porto Alegre, RS
Brasil
CEP 90130-130

www.libretos.com.br
@libretoseditora
libretos@libretos.com.br

Contato com a autora
claudia.laitano21@gmail.com

RECADO DOS DIAS

Livro composto em Adobe Kis, com 184 páginas, impresso sobre papel Avena Chambril 80, pela Gráfica Pallotti, Santa Maria, RS, em agosto de 2024.

Libretos